高校国語 生徒主体の授業のつくり方

大滝一登 著

JN042187

明治図書

まえがき

　早いもので，高等学校の新教育課程も３年目を迎えました。

　令和７年に入ると，新教育課程を踏まえた初の大学入学共通テストが実施される予定ですし，いわゆる総合型選抜を導入する大学も拡充の方向にあり，高校現場はまさに「予測困難で複雑化する状況」への対応を迫られているように思えます。

　また，年度末には，学習評価の結果をどう取りまとめればよいか，苦労された教師も多かったのではないでしょうか。遅れていた高等学校への観点別学習状況の評価もようやく認知され，試行錯誤が進んでいるように感じられます。さらに，いわゆる探究学習も徐々に浸透し始め，国語科に加えて，総合的な探究の時間を担当されている方も多いと考えられます。

　こうした状況において，「主体的・対話的で深い学び」「主体的に学習に取り組む態度」といったキーワードをもち出すまでもなく，国語科の授業づくりにおいて大変重要なのは，生徒の「主体性」をいかに引き出し，言葉の資質・能力の育成に結び付けていくか，ということです。

　筆者の認識では，一方的な教師主導の伝達型授業はかなり少なくなってきており，教室で話し合う生徒の姿が数多く見られるようになってきました。しかし，本当に生徒が，その活動を「やる意義がある」「ぜひやってみたい」と思って行っているかは分かりません。活動的になってはいても，広い意味では，教師がレールを厳しく敷いていることに変わりがない授業もいまだ数多く見られます。そこには，これまでの授業に対する執着とともに，新学習指導要領や求められる授業改善の在り方に対する理解の不十分さがあると考えられます。「主体的・対話的で深い学び」など，大きなキーワードは知っていても，学習指導要領の目標や内容等は理解できていないという教師もいるでしょう。

　そこで，本書では，単に「学習指導要領に基づいた授業づくり」について解説するのではなく，生徒が主体性を発揮しながら学習に取り組むことができるような授業づくりを「生徒主体の授業づくり」と呼び，筆者が提案する授業づくりについて，授業全般から各領域，各科目などに至るまで，各項をコンパクトに読んでいただけるように構成しました。

　しかし，本書は授業づくりのノウハウ本ではありません。あくまでも一人一人の先生方が目の前の生徒のために自らの授業をよりよくしようとお考えになった際に参考となればと，筆者の望む授業イメージやその考え方を平易な言葉でまとめたものであり，授業改善の主役は一人一人の国語科教師です。

　したがって，年齢や経験，立場を問わず，授業改善に興味のある先生方にぜひお読みいただければありがたく存じますが，できれば，「学習指導要領についてあまり理解できていない」「授業改善と言われるけれど，どのような授業が求められているか，よく分からない」という思いをお持ちの先生に読んでいただき，授業改善の具体に役立てていただければ幸いです。

　なお，本書の成立には，多くの方によるお力添えをいただきました。特に，本書内の事例の提供等にご協力いただきました，茨城県立土浦第三高等学校校長の渡邉克也様，教頭の川上弘様，国語科教諭の橘内敏江様，齋藤和世様，富岡雅行様，市川真人様，並びに，茨城県教育委員会指導主事の鈴木康弘様には心から感謝申し上げます（所属はいずれも2023年度のもの）。

　2024年6月

大滝一登

目次

第3章
生徒主体の領域別授業づくり

話すこと・聞くこと

第4章
生徒主体の科目別授業づくり

第5章
生徒主体の授業を豊かにする5つの視点

第 1 章

生徒主体の国語授業の
5つのポイント

CHAPTER
1

1

生徒が身に付ける
資質・能力を明確にした授業

1 生徒主体の国語授業が必要な背景

　令和も早くも６年目を迎えました。時代はめくるめく変化を遂げ，もはや追い付くだけで大変な状況が続いているといってよいでしょう。コロナ禍，国際紛争，生成 AI の登場など，時代の価値観を揺るがす出来事には枚挙に暇がないほどです。

　こうした中，とかく学校はこれまで，なかなか変わらないものの象徴とみなされてきた面があります。特にコロナ禍において，そうした世間の考えは顕著となり，臨機応変にオンラインを取り入れて対応した学校とそうでない学校との差が社会的な話題ともなり，保護者や一般の人々によって，一部の学校に対する厳しいコメントが寄せられました。中には「学校不要論」まで唱える論者も登場しました。

　教育活動における ICT の導入・活用は現在でも喫緊の課題ですが，高等学校国語科の授業を拝見すると，プロジェクターを使用する教師は増えてきていますが，１人１台端末環境が整っていても，生徒がそれを使いこなしている教室はまだまだといった印象です。統計を取ったわけではありませんが，いまだに，チョーク＆トークこそが信条だ，という国語科教師も一定数存在しているのではないでしょうか。

　ところで，こうした状況にあって，授業づくりにも大きな転換が求められています。予測困難でますます複雑化する未来社会においても子供たちに「生きる力」を身に付けさせることを目指した平成30年告示高等学校学習指導要領（以下，「新学習指導要領」という）において，「主体的・対話的で深

い学びの実現に向けた授業改善」の方向性が示されたことは記憶に新しいところです。また，観点別学習状況の評価の充実も示され，特に「主体的に学習に取り組む態度」の育成と評価が大きな話題となっています。教室をいかに生徒主体の学びの場にできるか，別の言い方をするならば，学習活動をいかに教師の一方的な伝達型の受け身のものから生徒を主人公にしたものへと転換できるかが問われているのです。

このことは，筆者がいたるところで繰り返しふれている，中央教育審議会答申（平成28年12月21日）に示された，以下の高等学校国語科の課題の解決ともリンクしていきます。

> 高等学校の国語教育においては，教材の読み取りが指導の中心になることが多く，国語による主体的な表現等が重視された授業が十分行われていないこと，話合いや論述などの「話すこと・聞くこと」，「書くこと」の領域の学習が十分に行われていないこと，古典の学習について，日本人として大切にしてきた言語文化を積極的に享受して社会や自分との関わりの中でそれらを生かしていくという観点が弱く，学習意欲が高まらないことなどが課題として指摘されている。

「教材の読み取り」はとかく内容の整理に終始しがちで，子供たちの「主体的な表現等」は軽視される傾向にあります。また，「読むこと」領域の指導に傾斜し，「話すこと・聞くこと」領域，「書くこと」領域の指導が疎かになりがちであったことは，長い間指摘され続けてきました。つまり，生徒主体の学びが必ずしも実現した教室ばかりではなかったということなのです。

一方，一般社団法人日本経済団体連合会が令和４年１月に公表した「採用と大学改革への期待に関するアンケート結果」によると，企業の多くが，「採用の観点から，大卒者に特に期待する資質」として，「主体性」や「チームワーク・リーダーシップ・協調性」を挙げています。社会で強く必要とされているのは，むしろ主体的に表現し，他者と円滑なコミュニケーションを

取りながら協働していける人材なのです。こうした人材の育成は，大学教育だけに求められることではありません。高等学校国語科は，いったいこうした人材育成にどのように寄与できているでしょうか。

　これらのことを踏まえれば，生徒主体の授業が求められるのは，ごく自然なことであることが理解できるでしょう。

2　育成を目指す資質・能力を明確にする授業の必要性

　生徒主体の国語授業を効果的に実現するポイントの筆頭は，授業において育成を目指す資質・能力を明確にすることです。

　言うまでもなく，生徒は学校にそれぞれの目的意識をもって通っています。もちろん，友人と楽しい時間を過ごしたい，部活動で活躍したい，といったものもあるでしょうが，やはり最も重要なのは，いずれ社会に出て活躍できるよう，必要な資質・能力を身に付けたい，というものではないでしょうか。たとえそこでイメージされる資質・能力が目先の試験の結果であっても，その先には，進学・就職を問わず，社会人としての資質・能力を豊かに身に付けることが目指されているといってよいでしょう。

　したがって，逆に言うならば，どんなに楽しい時間を過ごしても，社会人として必要な資質・能力が十分身に付けられない授業は，後で思い返せば，「どのような力が身に付いたんだろう」「この授業，何のためにやったんだっけ」といった感想しか残らない懸念があります。

　生徒も教師も，「将来，社会でよりよく○○することができるようにするために，こうした授業を行うんだ」と納得して，指導したり学習したりしている授業がまずは必要だと考えられます。新学習指導要領の改訂の要点の一つとして，「育成を目指す資質・能力の明確化」が掲げられましたが，これは，当の社会が予測困難で複雑化している以上，生徒が未来社会に生きるための力を身に付けるためには欠かせないことだといえるでしょう。授業の焦点が定まらず，曖昧模糊としたイメージの学習が続くのでは，生徒のモチベ

ーションも続かず，主体的な学習が実現しないと考えられます。

3 育成を目指す資質・能力を明確にする第一歩は「目標の明確化」

　それでは，育成を目指す資質・能力を明確にするためには，どうしたらよいのでしょうか。それは，当然のことながら，教師にとっての「指導目標」，生徒にとっての「学習目標」が明確に示され，両者で共有できることです。

　高等学校国語科の授業を毎年数多く拝見してきましたが，外部の人に見られるにもかかわらず，単元（あるいは本時）の目標が全く示されない授業はまだまだあふれています。

　こうした授業においては，生徒はいわば「いくら待てども雪国も見ることのできないトンネルの中」にいるようなものです。「はい。それでは，今日から『羅生門』に入ります。大体10時間ぐらいかかるかもしれませんが，集中してついてきてくださいね」——。単元の最初によくこんな語りがなされるかもしれませんが，「『羅生門』に入る」とは，教育用語として何を意味しているのでしょうか。また，「集中して（あるいは「しっかり」）ついてきてください」と言われて，「よし集中しよう」と構える生徒はどの程度いるのでしょうか。

　その授業を行う目的は，まずは，目標が示されることで生徒に共有され，内面化されます。つまり，教師がその授業の目標をどのような文言として，いつ，どのように示すかということは，言うまでもなく，生徒の学習姿勢を左右するものであり，効果的な学習活動につなげるための教師の重要な力量の一つなのです。

　その効果的な方法や留意点について，詳しくは第2章で述べますが，暗く先の見えないトンネルではなく，「この資質・能力を身に付ける」という光を目指させながら，学習のゴールをイメージさせることが，生徒の主体性を高める授業のポイントの一つであることは疑い得ないでしょう。そのためには，「資質・能力とは何か」ということに関する的確な理解が求められます。

2

生徒の実態に対応し
信頼感に支えられた授業

1 生徒の実態を多面的に把握する必要性

　生徒主体の国語授業のポイントの二つ目は，当たり前のようですが，生徒の実態に対応し信頼感に支えられた授業だということです。

　まず，「生徒の実態に対応する」ということについて考えてみましょう。高等学校は多様で，数多くの学校をひと言で論じることなど到底できるものではありません。よく「偏差値で輪切りにされている」などと言われますが，こうしたいわゆるテスト学力だけでなく，学科やコース，地域特性や規模，伝統や校風など，義務教育以上に様々な変数で個性化しているのが高等学校であり，当然，個々の生徒の実態も多様性そのものであるといえます。こうした多様な生徒の実態に的確に対応した学習指導が求められることに異論を唱える教師は少ないでしょう。

　しかし，教師は本当に生徒の実態を把握できているものでしょうか。

　学校を訪問し，授業を後ろから拝見していると，多くの授業で共通した感想が生じてきます。それは，「生徒の頭はアイドル運転レベルで，まだまだフル回転していない」というものです。簡単にいえば，「生徒は教師が考えているより，まだまだ頑張れる」と感じてしまうのです。

　これは，筆者一人の感想ではなく，たいてい同じように授業を見ていた指導主事も同じ感想を口にします。したがって，授業後の協議会などでも，よくこうした話題を提供することになります。しかし，当の教師本人は必ずしもそうは思っていないようなのです。なぜこうしたことが起きるのでしょうか。

　個々の生徒の特性のうち，最も話題に上がりやすい学力について，高等学校の教師はどのように把握しているのでしょう。当然，日々の授業における学習活動についても生徒の様子を観察しているでしょうが，どちらかといえば，国語科の教師はペーパーテストの結果を重視する傾向が強いようです。小テストに始まり，定期考査や実力考査，外部模試などのデータから，生徒の学力を把握することは自然なことでしょう。その結果，「この生徒はこういう問題なら解ける／解けない」という知見が形成されます。

　しかし，そうした知見の多くは，プロセスではなく結果のみを捉えたものにすぎません。ペーパーテストの結果だけでは，生徒たちが「どの程度頑張ったのか」「どのように取り組んだのか」まで見取ることは困難です。ペーパーテストというのは，いわばその時に記された「跡」を分析して，このような学力があると「みなす」ものにすぎないのです。

　こうした知見だけでなく，「この生徒たちは何を考えながら授業を受けているのか」「この生徒たちはどの程度高度な問いに対応できるのか」などといったことに関する知見を授業の中で獲得できれば，学習指導の方向性もより明確になると考えられます。

　観点別学習状況の評価の充実にもつながることですが，「生徒の実態」の把握の形骸化を防ぎ，生徒の学習の姿を多面的に捉えることによって，「生徒の実態」を多面的に把握することが重要なのです。

2　生徒の実態の把握が一面的になるわけ

　高等学校国語科の授業を思い浮かべたとき，生徒の実態の把握が一面的になってしまう要因は，何でしょうか。

　それは，前項で取り上げた，高等学校国語科の課題にヒントがあると考えられます。「読むこと」領域に傾斜し，しかも「教材の読み取り」が指導の中心になることが多い教室においては，そもそも生徒が主体的に活躍できる場面がきわめて限られているのです。

　拝見する授業で多く見られるのは，教師が想定した解答（正解）を導き出すためのやり取りです。実際の発問では，様々な配慮や工夫がなされる場合もあるでしょうが，一問一答のやり取りの多くは，短い応答のみで構成され，個々の生徒の実態に見合った発問がなされているというよりも，教師が敷いたレールに則って，生徒が答え，正解かどうかを教師が説明する，といったものです。こうした授業の場合，極論するなら，生徒が全員１時間黙ったままでも教師は授業ができるでしょう。

　実際のところ，拝見した授業の何割かはこうしたものでした。発問して，期待する答えが出なかった場合，「ちょっと違うな」「もう少し先の段落を見てごらん」「これはこういうことなんだ」などと言って，発問の本質を考えさせようとしないもの。生徒が期待する答えを言った途端，「そう，正解です」「そのとおり。このことを詳しく話してみます。よく聞くんですよ」などと言って，延々と講演モードに入っていくもの。発問した途端，教師が解説を始め，一人語りに終始してしまうもの。列挙するときりがありませんが，これらにはいずれも生徒からのアウトプットや思考を深める活動が組織されていないため，結局，生徒の実態を把握することが阻害されているといえるでしょう。

　こうした教師は，おそらく，念頭に置いた「シナリオ」をなぞるのに懸命になるあまり，生徒の状況をモニターするセンサーが鈍化せざるを得ないのでしょう。つまり，教師主導の講義型の授業が，生徒の実態の把握を鈍らせると考えられるのです。

3　生徒の実態に対応した指導が学習の主体性を高める

　それでは，生徒の実態に対応した学習指導とはどのようなものなのでしょうか。

　ここでの「対応」とは，生徒の学力や興味・関心などに単に「合わせる」ことを指しているのではなく，あくまでも学習の効果を高めるために，授業

の目標や学習課題を生徒が目指せるものにしたり，学習過程において，生徒のつまずきや成長などをきめ細かく把握し，その都度適切な手立てを講じたりすることを意味しています。

このとき，大変重要なのが，教師の「評価眼」です。冒頭に挙げた，授業を拝見して共通して抱く感想の例では，教師が生徒の力量を低く見積もり，「うちの生徒にはこんなことは無理だろう」と考えていたことになります。教師はそれなりに，生徒が自分の指導にうまくついてきていると思っていたのに，後ろで観察していた筆者や指導主事たちには，一人一人の生徒の様子がよく見え，生徒は教師の指示に単に従っているだけで，真に思考を深めてはいないと思えたのです。

こうした認識の違いが生まれるのは，なぜなのでしょうか。

これはあくまでも筆者の推測にすぎませんが，通常，教師は生徒に対して，自分の指導に従ってほしいと期待しているものでしょう。多くの教師にとって，うまく進んでいる授業とは，生徒が静かに授業を聞き，素直に指示に従ってくれる授業なのです。そのため，授業中の言語活動が乏しく，生徒が大人しく前を向いて授業を受けている姿は，彼らにとっては「何の問題もなく進んでいる授業」だとみなされてしまうことになります。

しかし，こうした認識の中には，時に錯覚が生まれる余地が出てしまいます。高校生ともなれば，生徒は本音と建て前を使い分け，むしろ彼らが教師に「合わせる」ことなど日常茶飯事です。教師であるなら，確固とした「評価眼」をもち，生徒の思考がどのような状態なのかを見抜けなければならないでしょう。

そして，生徒は，教師が自分たちを高めるために，すぐには解決できないかもしれない目標を設定し，学習活動が円滑に進むよう，きめ細かい手立てを講じてくれると感じたとき，教師を信頼し，より頑張ろうと思えるのではないでしょうか。そうした意味で，生徒の実態に対応した授業は，生徒の主体性を高めるものだといえるでしょう。

3

生徒の学習意欲を引き出す
学習課題を意識させ続ける授業

1 そもそも「学習課題」とは

　生徒主体の国語授業のポイントの三つ目は，思考を活性化することのできる学習課題の工夫を行うことです。

　「発問」が，問いを発するという行為や発せられた問いそのものを意味するのに対し，「学習課題」とは，子供が授業において成し遂げるべき行為を指したり解決されるべき問いそのものを指したりします。「発問」は教師からみた用語であり，比較的大きな問いから小さい問いまで様々な問いが随時発せられるのに対し，「学習課題」は子供からみた用語であり，解決されるべき問いが示される点に違いがあります。両者は時に重なることもありますが，ここでは特に，単元全体や数時間単位で解決すべき大きな問いのことを「学習課題」と呼ぶことにします。

　高等学校国語科においては，例えば，受験対策プリントが配られて，教師から「この評論の大問を解いてみよう」と言われれば，生徒にとっては，「各設問を早く正確に解く」ということが学習課題になっていたかもしれません。こうした学習においても，生徒の「知識及び技能」や「思考力，判断力，表現力等」はそれなりに発揮されるでしょう。

　しかし，設問は文字通り，「設定された問い」ですから，解く側の生徒の側で，必要とされるレベル以上に思考を深めたり，生徒の側から更なる問いを提出して協働的に解決したりすることは困難です。ペーパーテストによるこうした設問は，正解を念頭に置いて発せられる「発問」と同様で，生徒に対して，敷いたレールの上を走らせようとすることに変わりはありません。

結果的に，生徒は受け身の学習をしているにすぎないのです。

　真に練られ，授業の中で示される「学習課題」は，こうした学習を能動的なものに転換させる働きを有するものといえるでしょう。

2 「学習課題」と「目標」との関係

　「学習課題」は，時に「目標」と同一視されることもあります。単元の始めに，「今回の単元では，文章の種類を踏まえて，内容や構成，展開などについて叙述を基に的確に捉えましょう」と示せば，それは「目標」にも「学習課題」にも見えるかもしれません。ここでいう「目標」は特に「指導目標」をイメージしていますが，「指導目標」には，基本的に育成を目指す資質・能力を掲げることになっています（ここでは「言語文化」の〔思考力，判断力，表現力等〕「B読むこと」(1)アが該当）。したがって，「文章の種類を踏まえて，内容や構成，展開などについて叙述を基に的確に捉える」ことを生徒に示すことにより，この単元でどのような資質・能力の育成を目指すのかは明確なはずです。

　しかし，実際の教室では，こうした学習指導要領の指導事項を生徒にそのまま「目標」として示すのは少し曖昧で分かりにくいという考え方もあるかもしれません。その場合には，例えば「この小説『○○○○』における登場人物△△の心情の変化を叙述に即して捉えよう」（この場合は，「内容や構成，展開」のうち，「内容」や「展開」の一部が該当するでしょう）などと示し，より具体的でイメージしやすい形で提示することもよく行われてきました。

　ただ，いずれにしても，こうした資質・能力ベースの目標提示は，必ずしも生徒にとって学習のモチベーションを高めるものばかりではないかもしれません。高等学校では，もしかしたら「登場人物の心情の変化を捉え」て何になるのかと考える生徒もいることが想定されます。

　そこで，こうした資質・能力ベースではなく，学習活動（言語活動）を軸とした学習課題が提示されることもしばしばです。その内容は，学習活動

（言語活動）によって様々ですが，例えば，先の例と関連付けるなら，「この小説『〇〇〇〇』における登場人物△△の心情の変化と物語の展開との関係を図にまとめてみよう」などとなるでしょう。こうすることによって，先ほどの「目標」に比べて，どのような学習活動を行えばよいかが一層明確になるはずです。

　つまり，「学習課題」とは，生徒が取り組む学習活動とリンクし，単元における「目標」の実現とも密接な関わりを有するものであることが求められます。

3 「学習課題」を生徒にとって魅力的なものにするには

　「学習課題」は，「発問」と同じく，短時間で解決されるものもあれば，数時間単位でなければ解決できないものもあります。新学習指導要領においては，数時間の単元レベルでの目標設定や学習評価が求められています。したがって，「学習課題」についても，短時間に単発で解決できるものではなく，数時間単位，あるいは単元全体を通して解決が求められるような，生徒にとって魅力的な内容のものを，どのように設定し示すか，ということが重要になってきます。できるだけ学習に対する生徒のモチベーションを持続させ，生徒の思考を活性化させられるような「学習課題」を設ける必要があるのです。

　こうした魅力ある「学習課題」を設定するには，どうしたらよいのでしょうか。実は，こうした「学習課題」の設定のために，ぜひ活用していただきたいのが，新学習指導要領そのものです。新学習指導要領の指導事項は，資質・能力として示されていますが，単元で育成を目指す資質・能力を念頭に置きながら，学習活動の展開や，中心になる言語活動を構想することによって，魅力的な「学習課題」を考えることができるのです。

　その具体的な設定の仕方等については，第2章で述べますが，まず押さえておきたいのは，生徒にとって「魅力的」とはどういうことかということで

す。

　生徒は，高校生にもなると，いたずらに活動させられることを決して好みません。例えば，大した価値もないのに話合いをさせられたり，グループ活動が単なる答え合わせのようなものに終始したりするような活動は，回数をこなすうちに飽きてしまい，やがては教師が正解を口にするのを待つようになったり，活動中に一部の生徒に任せてしまったりするものです。

　しかし，考えたくなる「学習課題」，考えなければ前に進まないような「学習課題」が提示されると，思考を活性化させざるを得なくなります。「羅生門」を読む単元においては，「目標」によっては，作品全体を対象とし，作品全体における書き手の意図や作品のテーマ性などについて考えさせる学習が数多く行われてきました。こうした学習における「学習課題」を，例えば，「『羅生門』で作者（芥川）は，なぜ平安時代の下人を主人公にしたのか」「『下人の行方は誰も知らない』とあるが，下人は一体どんな世界に行ってしまったのか」など，作品の本質に迫りながらも，ミステリアスなものにすると，思考を深めざるを得なくなります。

　こうした学習課題を解決する学習が魅力的なのは，単なる内容整理とは異なり，今は亡くなってしまった作家の意図や，作品からどのような意味を見いだすか，といった「正解が一つに定まらない」ことに対して，文章の叙述や内容などを根拠としながら，生徒が自力で解決しようとするものだからです。また，生徒がすぐに正解を見いだすことができないようなテーマについて，自分の考えや意見を提出したり，それらを相互に評価し合ったりする「学習課題」も彼らにとって魅力的なものに映るようです。例えば，「話すこと・聞くこと」の学習において，「生成AIの進化によって到来する未来社会のメリットとデメリットについて予想し，その是非について，具体的なデータに基づいて討論してみよう」といった「学習課題」が考えられます。この場合，「生成AIの進化」をどのように想定するか，「メリットとデメリット」の現実性や妥当性をどのように考えるか，主張するための「具体的なデータ」をどのように用いるかなど，いくつかの可変性が含まれています。

4

生徒の資質・能力を高められる
言語活動を取り入れた授業

1 「言語活動」の立ち位置

　生徒主体の国語授業のポイントの4点目は，生徒の資質・能力を高められる言語活動を取り入れた授業の工夫を行うことです。

　「言語活動」というワードは，教育界において一般的になりましたが，残念ながら，高等学校国語科においては必ずしも実際の授業で浸透しているとは言い難い面があります。それは例えば，「言語活動」を取り入れた授業と，講義調の授業とが対置されて論じられたり，指導事項（目標）との関係が希薄な言語活動で満足していたりといった状況に象徴されます。どうも，一部の教師の中には，「言語活動」は受験に対応できないもの，時間がかかりすぎて手に負えないもの，といったイメージが先行しているようです。

　しかし，「言語活動」は，教育界において，広くその意義を認められたものです。とりわけ新学習指導要領においては，「学習の基盤となる資質・能力」の筆頭に「言語能力」が掲げられ，その育成を図るため，「各教科・科目等の特質を生かし，教科等横断的な視点から教育課程の編成を図る」とされましたが，この「言語能力」の育成のためには，「全ての教科等においてそれぞれの特質に応じた言語活動の充実を図ることが必要である」（高等学校学習指導要領（平成30年告示）解説総則編，p.53）と明記されています。

　また，新学習指導要領国語科においては，校種を問わず，教科の目標に「言語活動を通して」国語で理解し表現する資質・能力を育成することが掲げられています。また，「内容」の〔思考力，判断力，表現力等〕の下に位置付けられた3領域の(2)には「言語活動例」が設けられ，(2)の「言語活動

（例）」を通して(1)の指導事項（資質・能力）を育成するという関係が維持されました。つまり，当然のことながら，「言語活動」は，「取り入れるかどうか選択するもの」ではなく，「取り入れなければならないもの」なのです。

2 「言語活動」が必要なわけ

それでは，なぜ「言語活動」は必須なのでしょうか。

国語の資質・能力は，当然，言葉に関する資質・能力であり，その中心は，言葉を読んだり書いたり，話したり聞いたりする中で，言葉を状況に応じて駆使したり，言葉によって思考を深めたりなどできる資質・能力のことといえるでしょう（「思考力，判断力，表現力等」のことです）。

こうした資質・能力は，単に言葉を暗記することで身に付くものではなく，言葉に関する知識及び技能を習得した上で，それらを現実の文脈の中で活用させなければ効果的に身に付かないと考えられるのです。卑近な例でいえば，自動車の運転に似ているかもしれません。様々な交通法規や自動車の機能や構造などに関する知識は必要ですが，それだけでは自動車を運転することはできません。実際にハンドルを握り，運転の練習をしながら，自動車を適切に動かすことができるのです。この中には，急に歩行者や自転車が飛び出してきたときのためにどうすればよいか，高速道路で周りの自動車の流れにうまく合わせるにはどうしたらよいかなど，変化する状況に合わせた運転の資質・能力が求められます。自動車運転と全く同じではないものの，言葉に関する資質・能力も，こうした「未知の状況に対応する」ための資質・能力でなければなりません。

そのためには，教育の場である教室においては，できるだけ実社会や実生活の場を想定した「言語活動」を通して，言葉を通して徹底的に考えたり，自分の考えをまとめて，目的や相手，場に応じて表現したりする資質・能力を高めることが欠かせないのです。

3 「言語活動」の充実が生徒の主体性を喚起する

　それでは，そうした「言語活動」が生徒の主体性の喚起とどのようにつながるのでしょうか。

　授業を拝見していて明らかにいえることは，講義調の授業では，多くの生徒が受け身に立たされており，生徒が頭をフル回転しているかどうか分かりにくいのに対して，言語活動を効果的に取り入れた授業では，生徒の能動的な姿が見られるため，講義調の授業に比して，生徒の思考が活性化していることが分かりやすいということです。もちろん，「効果的に」取り入れるという点が重要で，単に教師の指示に従って，いわば機械的に近い形で活動している場合はこの限りではありません。

　ただ，言語活動を効果的に取り入れたことによる，生徒のこうした能動性は，前項の魅力的な「学習課題」の設定による効果と相まって，一層高まることでしょう。最初は教師から提示された「学習課題」であっても，その解決に向けて生徒が意欲的になり，さらに課題解決のための道筋としての学習活動がイメージできると，生徒は一層「本気モード」になると考えられます。

　一方，たとえ魅力的な「学習課題」が提示されたとしても，「言語活動」が，生徒が十分能動的に取り組めるものになっていなければ，「本気モード」にはなりにくいでしょう。いわゆる一問一答の授業では，生徒はどうしても教師が念頭に正解をもっていると考えがちですし，ましてや講義調の授業では，いつか教師が解説してくれるだろうと，生徒は「待ち」の姿勢になってしまいます。したがって，いかに「言語活動」を「目標」の実現に資する，しかも，生徒の立場からして取り組もうとする気になるものとして設定することが重要です。

4 取り組もうとする意欲を喚起する「言語活動」の設定

　それでは，どのような「言語活動」だと，生徒は主体的に取り組もうとするのでしょうか。

　一概には言えませんが，ここでも，キーワードの一つは，「正解が一つに定まらない」活動ではないでしょうか。例えば，「読むこと」の学習において，評論などの文章の論理の構成や展開などについて，「ワークシートに整理した情報をまとめよう（書く）」という活動を取り上げてみましょう。この場合，「論理の構成や展開」が比較的明らかな文章の場合は，ワークシートにまとめられた情報は，皆ほぼ同じものになると考えられます。教師は，正解と考えられる点を指摘しながら進めることが通例でしょうが，こうした学習は，「正解か否か」が話題の中心となりやすく，比較的あっさり授業が進むかもしれません。

　一方，次のような場合はどうでしょう。同じ「読むこと」の学習において，評論などの文章の論理の構成や展開などについて考える言語活動であっても，「ワークシートに整理した情報をまとめた上で，そのような構成や展開によって筆者がどのように説得力を高めようとしたか，話し合おう」という活動であったなら，生徒はもう少し積極的に活動するのではないでしょうか。それは，大体このあたりが正解ではないだろうか，という考え方ではなく，どの点に着目したら，どのようなことがいえるだろうか，という，自らの着眼点やそこから導かれる自らの考察や主張といったものを話題にせざるを得なくなるからだと考えられます。

　また，言語活動としては，「整理してまとめる」活動よりは，クラスメイト個々の考えや意見をもとに「話し合う」活動の方が拡散的でもあり，他者の考えや意見を受けて，自分の考えや意見が変わることもあるでしょう。

　高等学校国語科の授業は，若手の教師を中心に，話合い活動が取り入れられつつあります。しかし，まだ正解が一つに定まらない言語活動は必ずしも活発とは言い難い状況でしょう。しかし，こうした活動を積極的に取り入れることこそが，生徒の主体性を喚起する近道なのです。

5

生徒の学習状況に合わせて
教師とのコミュニケーションが図られる授業

1 AI の先生 vs 人間の先生

　生成 AI が飛躍的な進化を遂げ，昨今，AI が人間のライバルとして急に話題になるようになりました。あくまでも仮定の話ですが，いつか AI 教師なるものが登場する可能性もゼロではないでしょう。ところで，教師が人間であるメリットとはどのようなことなのでしょうか。

　この問いには数多くの回答が考えられますが，人間は，単にもっている知識を伝えたり解答の方法を説明したりできるだけでなく，個々の相手の状況を把握しながら，適度にコミュニケーションを取りながら，臨機応変に対応を模索することができます。また，同じ人間だからこそ，人は「私の気持ちを分かってほしい」と思うものなのかもしれません。だからこそ，「分かってもらえなかった」と感じたときに失望するのでしょう。このような関係は，AI が発展すれば可能になるかもしれませんが，現時点では，人間ならではのものでしょう。たとえ無言であっても，人間は，相手の表情や仕草，雰囲気などから様々な情報を得ており，相手と信頼できる関係を築けるかどうか探るものではないでしょうか。

　冒頭から，唐突な話題かと感じた読者もいたかもしれません。しかし，教室において，生徒が意欲的に学習し，主体性を発揮できるかどうかには，まさに教師とのコミュニケーションのありようが大きく関係していると考えられます。

2 教師と生徒との望ましいコミュニケーションとは

　これまで筆者は，実に多くの授業を参観してきました。授業は「生もの」ですから，同じ教師であっても，授業はクラスやその時々で変化するのは当然のことです。しかし，日々培われた教師と生徒との関係性は，そう簡単に大きく変化するものでもないでしょう。特に，状況を自ら把握して「振る舞う」ことのできる高校生の場合，そうした関係性の多くは，教師が主導して構築されるケースが多いのではないでしょうか。つまり，多くの生徒は教師の指示に素直に従い，授業のムードは教師によって決まる部分が大きいのではないかということです。

　例えば，やたらレールを敷きたがる教師の場合，ステージの中心は生徒ではなく教師自身であることが多いでしょう。一見，生徒とのコミュニケーションは良好のようですが，後ろで観察している筆者たちには，こうした授業では，生徒は自分の思いや考えを素直に語ることは少なく，生徒たち自身もそれが授業なのだと納得してしまっているケースも散見されます。この場合，当の教師も，授業は「うまくいっている」と錯覚しているケースが多く，結果的に，生徒たちのポテンシャルを十分引き出せないまま，授業が終わってしまいかねません。教師は，時折，「分かってるかな？」「ついてきているかな？」と語り掛けるのですが，これは，教師が生徒の状況を把握しきれていないことの証左です。

　一方，筆者が評価する授業とはどのようなコミュニケーションがなされた授業のことなのでしょうか。

　それはひと言でいうなら，一見，教師が手綱を引いていないように見え，生徒が自らの思いや考えを伸び伸びと発表しながらも，教師の合いの手が生徒の学習を方向付け，生徒もそれに納得しながら，更なる向上に向けて模索しているような授業のことです。

　こうした授業では，実は教師は大きなレールは敷いているものの，そのゴ

ールは一つではないため，教師は事細かく生徒に指示したり解説したりすることは限られています。また，生徒も教師のこうしたスタンスを理解し信頼しているため，教師の指示や解説を聞く場面と，自分たちが活動し伸び伸びと表現する場面とを上手にわきまえて行動し，状況によっては，生徒の方から自然に教師への質問や意見が飛び出します。こうした授業は必ずしも多くはありませんが，拝見できたときの心地よさは格別で，参観していても生徒として授業に参加したくなるような気になります。単に教師と生徒との心理的距離が近いというだけでなく，一見，両者がフラットな関係のように見えるのです。

3　生徒との望ましいコミュニケーションがもたらす生徒の主体性

　生徒が学習に積極的になる理由はいくつか考えられます。例えば，学習の意義が実感できたり，学習の成果が感じられたりすることは，学習意欲の向上につながり，生徒の主体性を喚起することでしょう。加えて，指導者であり学習の伴走者でもある教師から認められることも，生徒の主体性に大きく関わると考えられます。

　日々顔をつき合わせていても，生徒が，教師から「認められている」と実感できているとは限りません。むしろ，教師に懐疑的な視線を送る生徒も一定数存在すると思っておいた方がよいでしょう。しかし，生徒が本当に，「先生に認められている」と感じられれば，当然，学習に対する生徒のモチベーションは高まるでしょう。

　こうした教師からの承認は，生徒に個別に向けられることもあるでしょうが，教室においてクラス単位の生徒たちに向けられれば，クラス全体の学習活動が活性化することは自然の流れでしょう。

4　高等学校国語科における生徒とのコミュニケーション

　それでは，高等学校国語科の教室を想定したとき，どのようなことに留意したらよいのでしょうか。

　まず，2で述べたような望ましいコミュニケーションが図られた授業は，当然のことながら，一朝一夕に実現するものではありません。したがって，自分の授業を振り返って，「生徒は確かに自分の指導に素直についてきてくれているようだが，必ずしも『夢中に』なっている姿は見られない」「そういえば，生徒に発問するものの，沈黙が怖くてすぐ解説してしまっている」などという感想をもった教師は，自身の授業スタイルの改善点を直視し，時間をかけて修正する必要があるでしょう。特に高等学校国語科では，教材の特質を「伝えよう」という授業が多かったため，こうした授業スタイルの修正は，今後必ず求められるところです。そのためには，プロの野球選手でもピッチングフォームやバッティングフォームの修正を日々実地で行っているように，実際の教室の場で試行錯誤していく必要があるでしょう。

　次に，生徒が主体的に学習に取り組むためには，生徒の考えに耳を傾け，時には，「生徒に学ぶ」ぐらいの姿勢を見せることが大切だと考えます。言い換えれば，「先生にも分からない点があるので，みんなの考えを聞きたい」といったスタンスが必要ではないでしょうか。このように投げ掛けることで，生徒が学習の前面に押し出されるとともに，よりフラットな関係として関わり合うことができます。

　しかし，当然のことながら，教師と生徒は全く同じ立場にはなり得ません。上記のようなスタンスをとりながらも，「先生は私たちの学習をよりよいものにしようと，指導の工夫をしてくれている」「先生は，文学の専門家だけでなく，教育の専門家なんだ」「先生は，私たちの授業の中での取組を観点別にきちんと的確に評価してくれて，助言もしてくれる」といった感想をもってもらえるよう，努めることが大切です。

　コミュニケーションとは，単に「伝達する」ことではなく，「理解し合える」ことだからです。

生徒主体の国語授業づくり

1

優れた授業の特徴

①目標が共有され，掲げた資質・能力が的確に育成されているか

　教科の教育活動の本来の目的ともいえますが，簡単にいえば，「必要な国語の資質・能力がきちんと身に付く授業」です。生徒は，学校や地域の特色などが異なっていても，基本的に，誰もが社会人として必要な資質・能力を身に付けるために学校に通っています。

　したがって，まず，その授業でどのような国語の資質・能力の育成が目指されるかを理解し，その上で満足いく資質・能力が身に付く授業が求められます。単元の目標が掲げられなかったり，ペーパーテストだけで評価されたりするような授業は，実際に社会人になったときには大きな意義を感じられないおそれがあります。こうした授業の実現には，学習評価が適切に行われているかどうかも大きく関わってきます。

②終わりのチャイムが鳴った後も，授業内容について話したがっているか

　その授業で，生徒が学習活動に真剣に取り組み，授業に「のめり込めた」かどうかは，例えば，時間を忘れて学習活動に取り組んでいる姿に象徴されます。授業が終わってしまったのに，話合い活動で議論したテーマについて，生徒たちが名残惜しそうに語っているならば，その授業は，生徒の思考をフル回転させた優れた授業といえるのではないでしょうか。こうした授業を実現するためには，第1章で述べた各項目が大きく関係してくるでしょう。

③国語を学んでいてよかったと生徒が真に感じているか

　ありきたりなようですが，高等学校国語科の授業は，本当に「国語好き」

な生徒を量産できているでしょうか。どうも，そうしたことを示すデータを見つけるのは難しそうです。

　しかし，国語科の授業は人生の中でも，「言葉」というものに真に向き合い，言葉の使い手として成長できる大変貴重な場です。優れた授業を受けた生徒たちは，単に必要な資質・能力を身に付けるだけではなく，「言葉」のもつ力や価値，文学や古典などに代表される言語文化の世界の素晴らしさなどに気付くはずです。いわゆる進学校の教師の中には，受験対策だけに躍起になっている人もいるようですが，それ以上に意識すべきは，大学等の卒業後も，小説や詩歌，古典，新書本などに親しむ社会人の育成ではないでしょうか。

④表現活動を通して，生徒が自分で物事を考えるようになっているか

　「優れた授業」と，ひと言でいうのは難しいかもしれませんが，予測困難で複雑化している現代社会で活躍し，立派に生き抜いていけるのは，自ら考え決定し，コミュニケーション豊かに他者と関わり，効果的に表現できる人材でしょう。

　その基礎基本を学校教育で培うとすれば，高等学校国語科の授業がこうした人材の育成に即応するものになっていなければならないでしょう。近視眼的に日々の授業を構想し，生徒に膨大な情報を浴びせるのではなく，その授業を受ければ，生徒が自分自身で物事を見つめ，考えることができるようになる必要があるでしょう。

　そのためにも，生徒が国語科の授業で，いかに自分の考えを練り，表現する場面を与えられているか，といったことが重要な指標の一つとなるかもしれません。

　昨今，総合型選抜が拡大し，小論文などを書かせる大学が増えている状況も踏まえて，高等学校国語科の授業の中でも，文学創作も含め，自分の考えを表現する学習が求められているのです。

2

教師のマインドセット

　すでに言及してきましたが，生徒主体の授業づくりを充実させるポイントの一つに，教師のマインドセットがあります。

①生徒の立場に立ち「教師は，役者たれ」が実現できているか

　数多くの授業を拝見する中で感じてきたことは，なかなか教師のマインドセットが変わらない，ということです。何回拝見しても，なかなか生徒に対するアプローチの仕方が変わらなかったり心理的な距離感を柔軟に変化させられなかったりと，画一的な雰囲気の授業が存在しています。

　教師論でよく言われてきた言葉に「教師は，五者たれ」というものがあります。この言葉は一般に，「教師というものは，学者，医者，易者，役者，芸者でなければならない」と解釈されています。特に「役者」に注目したいと思います。これは，教師というのは，生徒を惹き付けるために，豊かな演技をすべきだ，ということでしょうが，これは，何もオーバーな振る舞いをしろ，という意味ではないと思います。

　生徒の反応を観察しながら，常に同じモードではなく，生徒の立場に立って，指導の効果を高める振る舞いをせよ，ということではないでしょうか。例えば，しっかり聞かせて解説する場面，生徒に自然に尋ねながら興味を喚起する場面，静かに生徒の言語活動を見守る場面，学習の高まりを的確に捉えて評価する場面など，それぞれの場面に応じて，教師の振る舞い方は当然異なるはずです。

　筆者には，高等学校国語科の授業の多くが，「上から目線」の教授型のスタンスに終始しているように思えるのです。ここには，そうするのが当然だという暗黙の教師のマインドセットがありはしないでしょうか。授業の主人

公はあくまでも生徒自身であり，固定的な何かを伝達するのみではなく，授業には何らかの「冒険」が必要ではないでしょうか。

②主体的に授業改善に取り組む教師の授業が生徒の主体性に影響する

　授業を拝見していると，よく感じるのが，相似的ともいえる教師と生徒との関係です。単調に解説している教師の授業では，生徒は単調に聞いたふりをしながら板書内容をノートに写すだけですし，やたら元気で様々な活動をリズムよくさせる教師の授業では，生徒はリラックスしながらも，どこかざわざわしています。

　しかし，誰もが気付いているように，こうしたことは生徒の本来の姿ではありません。なぜなら同じ生徒たちでも，別の教科の授業では全く別の表情を見せるからです。つまり，生徒の多くは，その時間の教師に「合わせている」だけなのです。

　こうしたことから，教師のマインドがいかに生徒の主体性の喚起に影響するかがうかがえます。

　「鏡」というからには，日々授業改善に励み，「生徒のために」と，指導方法に工夫を凝らそうとする教師のマインドは，必ず生徒に影響を与えるはずです。また，別の項でも言及していますが，そうした教師のマインドを内面に秘めるのではなく，必要に応じて，生徒に示したり共有したりすることも重要です。例えば，「こうした活動は初めてかもしれないけれど，今回先生も○○○○のために，授業を考えてきた。留意点を伝えるからしっかり聞いておいてほしい。君たちなら，きっともてる力を十二分に発揮してくれると思っている」などと，生徒の力を信じているというメッセージを発すれば，生徒たちも「先生がそう言うならできるかもしれない」と思うのではないでしょうか。

　かつて生徒の前で，「君たちには無理だろうけど」という最悪の発言を聞いたことがあります。これでは生徒は，やる気になるはずがありません。

3

実社会との関わり

　生徒主体の授業づくりを充実させるポイントの一つとして，実社会との関わりを挙げたいと思います。

①教科書，参考書，問題集だけの学習指導からの脱却

　「高等学校国語科の授業」と聞いて，多くの方がイメージするのは，「羅生門」「山月記」「こころ」「舞姫」などの有名な小説作品を長い時間かけて読み進める授業ではないでしょうか。あるいは，「伊勢物語」「土佐日記」「大鏡」「源氏物語」などのこれまた有名古典作品を，品詞分解しながらとぼとぼと読み進める授業でしょうか。いずれにしても，文章教材集としての性格の強い教科書を読む授業に他なりません。こうした教材は名作として価値があり，学習する必要は確かにあるでしょう。ただ，上記のような授業だけで，急速に変化する社会に対応できる人材を育成できるのでしょうか。

　実は，生徒たちは高校生になる前に，こうした「読むこと」の学習以外の「話すこと・聞くこと」や「書くこと」の学習を一定程度行ってきています。義務教育では，人前で自分の考えを述べるスピーチや討論をする学習，意見文や手紙，物語や詩歌などを書く学習も経験済みです。こうした学習においては，場合によっては，校外に出て，必要に応じて，地域社会の様々な方々とも交流してきているでしょう。ところが，高校に入学した途端に，国語科では，こうした実社会とつながる学習が激減し，視野が一気に狭くなるかのようなのです。

　仮に大学入試等への対策がそのようにさせるのだとしても，もう少し実社会と関わる学習を取り入れ，高等学校国語科での学習が実社会でどのように生かされるのかを生徒に意識させなければ，生徒の主体性は喚起されにくい

でしょう。教科書，参考書，問題集だけの学習指導からの脱却を図る必要があるのです。

②実社会との関わりを意識した学習とは

　それでは，「実社会との関わりを意識した学習」とは，どのようなものなのでしょうか。分かりやすくいうなら，それは，高等学校国語科の場合，「生徒が社会に出たときに行うであろう言語活動を取り入れた学習」だと考えられます。

　生徒は社会に出たら，小説や古典などの文章ばかりを読むわけではありません。たとえ読むことがあるにせよ，企画書や報告書，様々な分析データが掲載された資料などが多くなるでしょう。また，会議への参加が増え，口頭での発表や議論，プレゼン作成などが日常業務となる人も多いことが想定されます。同じ組織の人たちとだけではなく，別の組織や初対面の様々な立場の人たちとコミュニケーションを取る必要も出てくるでしょう。

　したがって，「実社会との関わりを意識した学習」とは，こうした彼らの将来のイメージから「逆算」し，国語科の中で，やがて彼らがこうした活動を円滑に行えるように，学習を組織することを意味します。

　「現代の国語」や「国語表現」では，義務教育の成果を受けた「話すこと・聞くこと」の学習を実社会での活動場面を想定しながら構想してはどうでしょうか。また，例えば，「現代の国語」や「論理国語」などでは，まさに実社会で彼らが書くことが想定されるレポートや資料，小論文などを作成する学習の中で，実社会の様々な情報にアクセスさせることが考えられます。さらに，「読むこと」の学習においても，例えば，評論や実用的な文章を読む学習の中で，必要に応じて，実社会での出来事や自分との関わりなどについて考えさせることが重要でしょう。

　こうした学習の中で彼らは，「机上の学習」ではなく，「自分事」として国語科の学習に向き合えるようになると考えられるのです。

4

年間指導計画の作成

　生徒主体の授業づくりを充実させるために必要なことの一つとして，年間指導計画の作成があります。

①生徒の主体性を年間単位で高める

　一見すると，生徒の主体性と，年間指導計画との関係は理解しにくいかもしれません。生徒の主体性は実際の授業の生きた活動の中で育まれ，年間指導計画といった「形式的な表」とは無関係，と考える読者がいても不思議ではないでしょう。しかし，生徒主体の授業は，思い付きだけで成立するほど単純なものではないと考えます。これまで述べてきたように，生徒主体の授業を成立させるポイントは多岐にわたります。

　その中でも，組織的計画的に生徒主体の授業を構想，実現していくという視点は大変重要です。なぜなら，生徒主体の授業は，1単元のみ成功してもあまり意味がないと考えられるからです。いつ，どのような単元で，どのような資質・能力（指導事項）を目標として掲げ，どのような学習活動（言語活動）を組織し，どの場面，どのような方法で評価するか，といった，まさに一連の学習指導計画の作成とその評価，改善のサイクルを，年間単位にわたって継続していくことが最も効果を上げられるはずです。

　ある1単元の授業でだけ，生徒主体の学習が実現したとしても，年間のほとんどの授業が教師主導の講義調のものだったなら，生徒たちは持ち前の主体性を沈めてしまうことでしょう。

　目指すべきは，生徒の主体性を年間を通して，徐々に高めていくことなのです。

②生徒主体の授業を実現させるための年間指導計画のチェックポイント

　それでは，どのような年間指導計画であればよいのでしょうか。

　例えば，主なポイントとして思い付いたものを，以下に示してみます。

> ○年間を通して，各単元の目標（指導事項）がバランスよく，らせん的に掲げられている。
>
> ○目標の実現に即し，生徒の関心に適した言語活動が位置付けられている。
>
> ○義務教育の学習履歴を踏まえ，高等学校段階として妥当な言語活動がバランスよく位置付けられている。
>
> ○各単元に位置付けられた言語活動について，生徒によるアウトプットの場面が想定できる計画になっている。
>
> ○各単元の授業時数が言語活動を十分行えるよう，配慮されたものになっている。
>
> ○年間を通して，何度見ても誰が見ても，ある程度の授業イメージが想起できる記述となっている。
>
> など

　このように，年間指導計画としての本来の要件を満たした上で，より一層生徒の活動場面が的確にイメージできる記載の仕方を検討すればよいでしょう。そして，年間指導計画は，当然，作成しただけでは意味がありません。計画に基づきながら授業を実施する中で，生徒の様子を観察し，特に「主体的に学習に取り組む態度」の評価の結果などを活用して，次の単元の指導が充実するように，年間指導計画を逐次ブラッシュアップさせることも重要なことだと考えられます。

　年間を通して，生徒の主体性の「成長」をイメージし，学習活動の活性化につなげたいところです。

5

単元計画の作成

　年間指導計画の作成とともに重要なのは，当然，単元計画の作成です。

①単元レベルで学習指導の構想を考える習慣を

　これまで毎年何校かの高等学校を訪問して，主に国語科の授業を参観してきました。公開週間を設け，授業を他の先生方に公開することはかなり浸透しているようです。しかし，その際も学習指導案をきちんと作成した上で授業公開を行う学校はまだ少なく，1単位時間の簡単な授業説明のみであったり，場合によっては，授業者からの情報はなく，参観者のコメントのみであったりという例も多いようです。

　ただ，筆者の考えでは，授業について真に評価したりコメントしたりするためには，授業者の考えが単元レベルで明確に示されていることが必須です。そうでなければ，参観者はただ「自分の中のよい授業」という曖昧な基準でしか授業についてコメントできなくなるからです。そもそもどのような目標を掲げていたのか，生徒の学習活動をどこまでイメージできていたのか，学習活動の中で生徒がどのような資質・能力をいつ高め，表現する場面があるのかなど，授業者の考えを踏まえた上で初めて，その妥当性が判断できるのです。

　こうした学習指導の計画は，長い間，研究授業などのときに1単位時間で公開するのが習慣でした。1単位時間の中で「導入・展開・まとめ」などと，いかにクライマックスを作るかという点に教師は意を注いできたかもしれません。しかし，新学習指導要領における「主体的・対話的で深い学び」の実現のためには，1単位時間ではなく，単元単位で学習指導の効果的な展開を考える必要があります。年間指導計画では，年間の全授業の目標を1単位時

間で記載する必要がない一方，単元レベルの計画は記載するのが通例です。数時間単位で学習指導を考えることにより，1単位時間の「単発」で考えるよりも，一層学習指導の軸や流れが意識しやすくなるのです。

②生徒主体の授業を実現させるための単元計画のチェックポイント

それでは，どのような単元計画であれば，生徒主体の授業につながるのでしょうか。主なポイントとして思い付いたものを，以下に示してみます。

○三つの単元の目標（「知識及び技能」「思考力，判断力，表現力等」「学びに向かう力，人間性等」）と，学習活動（言語活動）とが整合している。

○目標の実現に即し，生徒の実態や興味・関心に即した言語活動が位置付けられている。

○単元の評価規準が，単元の目標と整合して作成されている。特に「主体的に学習に取り組む態度」の評価規準が，実際の授業の中で評価しやすいように作成されている。

○単元の中で，数時間をかけて，生徒が解決に向かえるような魅力的な学習課題が位置付けられている。

○生徒の思考力，判断力，表現力等が高く発揮される場面に評価場面が位置付けられており，評価結果が生徒の学習の成果を的確に示すものとなっている。

○例えば，①必要となる知識及び技能の習得，②知識及び技能を活用しながら，アウトプットに至るまでの準備，③成果物の発表やセッション，などと，思考を深める過程が明確な単元の流れになっている。

など

このように，単元計画が，指導と評価の一体化や，生徒の主体性を高める学習課題などとリンクしていることが大切です。

6

学習目標の設定

　高等学校でなかなか理解されていないのが，学習目標の適切な設定の仕方です。

①目標の文言は，学習指導要領の指導事項ベースで

　高等学校国語科の教室では，まだまだ目標の提示が浸透しきれていません。また，目標が提示されたとしても，活動の目標（例えば「魅力的なプレゼンテーションをしよう」など）が多く，資質・能力の目標を計画的に示せている教室は少ないのが事実ではないでしょうか。また，研究授業などで配付された学習指導案の目標を拝見しても，「……を読み取り，教養や道徳心を養う」などと，1単元では実現できないばかりか，「読み取る」ことで本当に「教養や道徳心」につながるのか疑問が生じるようなものも少なくありません。おそらく実質的に，授業者本人以外のチェックが入っていないのでしょう。これまでよく拝見した，教師自己流の目標の文言のデメリットを思い付くまま挙げてみると，例えば，以下のようになります。

・文末が全て「……を読み取る」などとワンパターンで，どのような資質・能力の育成を目指しているのか分からない。
・学習活動から先行して発想しているため，目標が単元全体で目指すものとなっていない。
・1単元のみで考えているため，他の単元の目標と整合していない。
・文言が十分吟味されておらず，生徒や他の教師と共通理解しにくい。

など

　国立教育政策研究所『「指導と評価の一体化」のための学習評価に関する参考資料【高等学校国語】』をご覧になれば，一目瞭然ですが，単元の目標

は，資質・能力の三つの柱に対応させ，箇条書きにすることで，どのような資質・能力の育成を目指すのかが明確になります。例えば，「事例6」に示されたお馴染みの「羅生門」と「今昔物語集」とを読み比べる単元の目標は，

(1)言葉には，文化の継承，発展，創造を支える働きがあることを理解することができる。　　　　　　　　　　　　　　　〔知識及び技能〕(1)ア

(2)作品や文章の成立した背景や他の作品などとの関係を踏まえ，内容の解釈を深めることができる。　　　　　　〔思考力，判断力，表現力等〕B(1)エ

(3)作品の内容や解釈を踏まえ，自分のものの見方，感じ方，考え方を深め，我が国の言語文化について自分の考えをもつことができる。

〔思考力，判断力，表現力等〕B(1)オ

(4)言葉がもつ価値への認識を深めるとともに，生涯にわたって読書に親しみ自己を向上させ，我が国の言語文化の担い手としての自覚をもち，言葉を通して他者や社会に関わろうとする。　　　　　　「学びに向かう力，人間性等」

のようになっています。学習指導要領の指導事項というと，面倒に感じたり反発したくなったりする教師もいるようですが，このように，資質・能力という点でみると，大変明確な指針を与えてくれるものといえるでしょう。

②学びの「羅針盤」としての目標であれ

　生徒主体の授業づくりの原点は，「生徒が授業に納得する」ということではないでしょうか。「納得」の手始めは，何となく「いろんな文章が読めるようになるのか」などではなく，「こんな言葉の力が身に付くのか」であるはずです。そのように生徒が感じられる目標の提示は，授業という営みにおける必須アイテムのはずです。教師は，学びの「羅針盤」としての目標を，恣意的な文言で飾るのではなく，学習指導要領の文言で示すべきでしょう。

　そのためには，教師自身がまず，学習指導要領の文言に詳しくなっておく必要があります。学習指導要領について語るのも，そこからのはずです。

7

学習課題の設定

　目標の実現とリンクする学習課題の適切な設定も，生徒主体の授業の成否を左右する重要な項目です。

①単元の流れを踏まえ，学習の方向性を示す

　学習課題については，第1章でもふれましたので，ここでは，具体的な設定の仕方について述べてみます。

　学習課題は，生徒が学習の過程の中で解決すべきテーマを提示するものですので，例えば，「この文章における表現の工夫を探ろう」や，「この文章における表現の工夫はどのようなものだろうか？」などの形で示されるのが通例です。最近は，疑問形の後者に加え，生徒の立場で解決に向けて思考するように誘う前者の形も多いようです。

　これらの例は，「表現上の工夫」を捉えるという資質・能力と密接に関わる課題提示の例ですが，さらに，ゴールに向けた活動をセットした，「この文章における表現の工夫を見つけ，作者（筆者）を評価する批評文を書いてみよう」などと示す学習課題もあります。この形の方が，生徒にとっては，学習活動のゴールが明確で取り組みやすく，また，教師にとっては，学習活動のクライマックスが明確なため，学習評価のポイントも絞りやすいというメリットがあります。

　その一方で，その都度学習課題を示す方が生徒にインパクトがあると考え，数時間にわたる単元の核となる学習課題を示すことに逡巡する教師もいます。これは，一問一答の発問を重視する文化が定着した高等学校らしいところですが，これからは，単元での見通しを示すことが求められています。

②生徒にとって解決したくなるような課題を

　さて，学習課題は，学習の方向性を示すものですが，生徒主体の授業づくりにおいては，解決したくなる価値のある課題かどうかが大変重要です。いわゆる内発的動機付けを促すような，課題そのものに魅力があることが大切です。

　それでは，学習課題を魅力的にするためには，どのように考えて示せばよいのでしょうか。本章 **6** で示した目標を一例として，以下のステップで考えてみましょう。

---

(1)まず，単元の目標（特に「思考力，判断力，表現力等」）と密接に関わる形で。

　「『羅生門』を『今昔物語集』との関係を踏まえて読み，内容の解釈を深めよう」（「言語文化」指導事項B(1)エを踏まえて）

(2)次に，単元計画等に合わせて，指導事項の文言を具体化。

　「『羅生門』を『今昔物語集』と比較して読み，登場人物や場面の描かれ方，テーマの特色について考えよう」

(3)さらに，単元における学習活動の展開を踏まえて，ゴールとなる活動を追加。

　「『羅生門』を『今昔物語集』と比較して読んだ上で，登場人物や場面の描かれ方，テーマの特色をまとめたプレゼンテーションを作成しよう」

(4)（必要に応じて）生徒同士の発表や評価の活動を強調。

　「『羅生門』を『今昔物語集』と比較して読んだ上で登場人物や場面の描かれ方，テーマの特色をまとめたプレゼンテーションを発表し合い，相互評価をしよう」

---

　(4)の学習課題は，少々長いような気もしますが，この単元で，どのような資質・能力を身に付け，どのような学習活動が中心となるのかが明確です。

8

情報の全体共有の工夫

　生徒主体の授業を考える上で，考慮しておきたいのは，情報の全体共有の工夫についてです。

①板書はICTにとって代わられるのか

　「情報の全体共有」について，まず思い浮かぶのは，教室に必ず存在する黒板やホワイトボードに教師が書き留める「板書」です。懇切丁寧に書き凝らされた板書。思いつきのように，お世辞にも丁寧とは言えない字で書き殴られた板書。「板書」の仕方も教師の数だけ多様ですが，義務教育とは異なり，高等学校ではあまり深掘りされることはないようです。

　しかし，生徒主体の授業を考える上で，ICTの活用との関わりで，この「板書」の機能を再考すべき時期が到来しています。いわゆる「チョーク＆トーク」一辺倒の時代は終わりつつあります。「板書」のみでの授業を続けるには，それなりの価値を主張しなければならなくなりました。

　一方で，同じくアナログな情報共有のツールである「ワークシート」は，ICTを活用した授業においても併用されているようです。配付して一気に情報を一覧できる即効性と，生徒に記入させる空欄をもつ可変性は，ICTも得意な機能ですが，全てをデジタルで片付けるよりも効果的だと考えられているのでしょう。

　最近は，プロジェクターに情報を投影する授業が増えているようです。しかし，配付されたりクラウドに保存されたりするだけでは記憶に残りにくく，やはり，手で書く行為を重視するなら，「板書」や「ワークシート」を用いる価値はまだ大いにあるといえるのではないでしょうか。

②情報の全体共有のポイント

　それでは，「板書」や「ワークシート」も含め，情報の全体共有をどのように考えればよいのでしょうか。

　学習効果という面から考えれば，情報の全体共有におけるポイントとして，以下のようなことが考えられます。

○いかに確実に，情報を全体に示すことができるか。
○いかに確実に，情報を定着させられるか。
○いかに速く，情報を全体に共有させられるか。
○いかに多くの情報を全体に共有させられるか。
○いかに必要のある（ない）情報だけを強調（消去）させられるか。
○いかに多くの方法で，情報を全体に共有させられるか。
○いかに多くの作り手によって情報を追加・更新させられるか。
○いかに必要な情報を長く保存させられるか。

　　　　　　　　　　　　　　　　　　　　　　　　　　　　　など

　思い付くままに挙げてみましたが，これらのポイントと，単元における学習活動などとを関連させ，授業時間などとの関わりも考慮したとき，どのような方法が最も適切かを教師が選択することになるでしょう。

　先述したとおり，情報の「定着」にはアナログな方法も選択肢となり得るでしょうし，情報の「追加・更新」という点ではデジタルな方法の方に軍配が上がるでしょう。また，単元や１単位時間の授業全体での選択もあれば，１単位時間の授業の中での各場面における選択もあるでしょう。

　高校生は授業方法について意見することも珍しく，また，「日々の準備が忙しくてこのようなことまで考える余裕がない」と感じる教師も多いことでしょう。しかし，教室で共有される情報は教師によるものだけではない，ということにも留意して，情報共有の工夫を行うことが求められます。

9

定期考査の作成

　定期考査の作成は，一見すると，生徒主体の授業とは距離があるようですが，工夫したい重要なポイントの一つです。

①実施の仕方も内容も形骸化していないか

　定期考査をめぐって，教師からよく伺う意見として，学習評価の点から考えて，「本当はやめたいけれど，やめられない」や，「考査で少しでも点を付けて進級させてやりたい」などといったものがあります。

　しかし，これらは，定期考査が形骸化していることを示唆するコメントです。そして，高等学校国語科の「読むこと」のペーパーテストでは，長い間，授業で扱った教材をそのまま出題することが常態化してきました。授業で「羅生門」を学習したら，定期考査でも「羅生門」が出題され，授業での発問や教師の解説の再現によって得点できる設問も多かったようです。これでは，授業で身に付けた資質・能力を，ペーパーテストという方法で評価する妥当性は認められにくくなります。

　そこで，授業で扱った教材とは異なる教材を用いてペーパーテストを作成し実施するという取組を行う学校も増えてきています。この際，作成の労力はかかりますが，教師も生徒も「育成を目指す資質・能力」について共通理解し，学習の改善や，指導の改善に生かせるという大きなメリットがあります。

　また，実施の仕方においても，各教科横並びでの実施から脱却し，単元テストを中核に据えた学校も，まだ多くはないものの散見されます。

　このように，形骸化された定期考査からの脱却が求められています。

②定期考査のポイント

　それでは，定期考査の在り方を見直し，生徒主体の学習につなげるには，どのようなことが求められるのでしょうか。例えば，以下のようなことが考えられます。

○**実施方法の改善（単元テストへの切り替えなど）**
　定期考査があるから行う，ではなく，生徒自身の学習の改善にどのようにつながるかが理解されるよう，授業の各単元とのつながりを明確化して実施方法を工夫する。
○**実施内容の改善（初見素材の出題，単元の目標と設問との関連付けなど）**
　授業内容の暗記だけで解答できる設問を排し，育成した資質・能力を的確に測れるように，実施内容を工夫する。
○**評価方法としての共通理解の醸成（評価規準との整合の確認など）**
　量的な基準としての得点のみが注目される状況からの脱却を図るため，質的な規準との整合を評価者と被評価者とが共有するなど評価方法としての共通理解を図る。

　　　　　　　　　　　　　　　　　　　　　　　　　　　　　　　　　　　など

　高等学校国語科におけるペーパーテストは，大学入試等の影響を色濃く受けており，どちらかといえば，教材として取り上げられる文章（筆者（作者）や出典などにまで過度に注目するこだわりよう）や，出題形式に注目が集まっていました。しかし，例えば，頻出形式である「傍線部……は，どういうことか」という設問に解答できるために必要な資質・能力は，何なのか，といった点には，あまり注目されてきませんでした。資質・能力（コンピテンシー）重視の教育改革の目指す先には，こうした「形式」ではなく，学力の「質」への視線の転換が求められるのです。

10

学習指導案の作成

①単元の目標, 言語活動, 観点別学習状況の評価の整合

単元の指導計画　　　　　　　　　　　　　　○は指導に生かす評価　　◎は記録に残す評価

次	時	学習内容・活動	知	思	主	評価方法等
1	1	○『伊勢物語』p.31～単元の目標や進め方の確認, 学習の見通しをもつ。 課題　当時の婚姻制度において和歌はどのような役割を果たしているか。 ・現代語訳の音読（斉読またはペアワーク） ・前半第一段落の内容を理解する。 ・後半第二段落の内容を理解する。 ・和歌の意味の確認。教科書で原文の音読を確認する。 まとめ（結論）夫婦の危機が, 妻のけなげなふるまいと歌で回避される。その歌の力と当時の婚姻制度を理解する。	◎		○	知①：当時の結婚の在り方について理解している。【ワークシートの確認】 ・ワークシートに取り組む折は, 机間指導し, 理解していない生徒には理解できるまで声掛けをする。 主①：学習活動に向かっているか。 ・グループ活動や必要に応じた補助資料の作成。生徒の活動に向かうための手立て（音読）や話し合いなどの指導を行う。　　　【ワークシートの確認】
2	2 本時	○『大和物語』p.36～38「沖つ白波」プリント 課題『大和物語』の女の気持ちを思い『伊勢物語』との相違点を考える。 ・現代語訳の音読（斉読またはペアワーク） ・内容を理解して, グループで話し合う。登場人物の心情に思いをはせ,『伊勢物語』第二段落との共通点・相違点について書き出し, 発表し合う。 ・和歌の意味の確認。教科書で原文の音読を確認する。 ・『伊勢物語』との相違点を考える。 まとめ（結論）「君がひとり越ゆらむ」という女の気持ちに思いを寄せることができたか。金椀の水の表現を解釈し, 気持ちを推し量れたか。『伊勢物語』との相違点を考える。		◎		思①：共通点・相違点について, グループ内で発言し合い, よいと思われる人の意見を全体の前で発表している。【ワークシートの記述確認, 発表の観察】 ・生徒の活動に向かうための支援を行う。 ・ワークシートに取り組む折は, 机間指導し, 理解していない生徒には理解できるまで声掛けをする。

| | 3 | ○p.38 活動の手引き　三　『伊勢物語』と『大和物語』の読み比べ（まとめ）
課題　二つの物語の内容について，話し合いながら比較する。
・当時の恋愛・婚姻について調べる。
・『伊勢物語』と『大和物語』の相違点・魅力を話し合う。それぞれ理由も挙げて，グループで意見を交換する。
まとめ（結論）　二つの物語の内容について，同じ題材を扱った物語を読み比べ，比較して論じる。現代人の感覚でどのように感じたか話し合い，発表し合う。感想をまとめる。
・本単元の学習を振り返る。 | ○ | ◎ | 知①：二つの物語を理解している。
　　　　　　【振り返りプリントの確認】

主①：『伊勢物語』と『大和物語』の内容を比較し理解しようとしている。
　　　　　　　　　【活動の様子】
・感想・振り返り・確認
　　【リフレクションシートの分析】 |
| 3 | | | | | |

　学習指導案の作成において，まず基本となるのが，目標，主となる言語活動，観点別学習状況の評価の三者の整合です。上に示したのは，これまでの項で例として挙げてきた，「言語文化」の「Ｂ読むこと」(1)エを目標に掲げた単元の具体例（茨城県立土浦第三高等学校の齋藤和世教諭の研究授業時のもの。使用教科書は第一学習社『高等学校　言語文化』）です。改善すべき点も認められますが，三者が整合し，いつ，どのような資質・能力を，どのような活動を通して育成しようとしているかが，シンプルに理解できます。

②生徒が常に思考する場面を担保する

　この学習指導案の場合，古典の授業ですが，授業者は思い切って，現代語訳を第１次から与え，内容の理解を優先させています。当然，原文にもふれさせつつ，内容に関する学習課題に早くから取り組ませています。

　このように，知識を習得させる場面でも頭を働かせるようにし，『伊勢物語』と『大和物語』との読み比べという，学習活動の大きなゴールに向けて，さらに生徒の思考をフル回転させられるように，学習活動の展開を構想しているのです。さらに，個人，ペア，グループと多様な形態による活動が計画されており，生徒はぼんやりする暇もないことでしょう。

　大切なのは，生徒が何のためにこうした活動をさせられるのかについて，理解できるようにしておくことなのです。

観点別学習状況の評価

　観点別学習状況の評価は，教師サイドの問題と捉えられがちですが，生徒サイドから考えることによって，生徒主体の授業づくりにつながるものだといえます。

①生徒の資質・能力の「質的な高まり」に着目する観点別学習状況の評価

　「指導と評価の一体化」と言われるように，指導と評価は別物ではありません。ただし，このような概念が教師にとって切実なものとなるためには，教師は，「教師サイド」と「生徒サイド」の二つの視点を備えた「複眼的思考」が必要になるかもしれません。なぜなら，教育はそれを受ける生徒のために行われるものであり，それゆえ，指導する側の教師は，それを受ける生徒の立場を想定したものの見方や考え方が欠かせないからです。

　教師は，解説を行っているときも，「今，この解説は生徒にとって理解しやすいものだろうか」と考え，生徒が黙ってワークシートに取り組んでいるときも，「取り組みやすい課題提示ができているだろうか」などと考えなければならない立場なのです。

　そうした「生徒サイド」に立ち，単元の目標や評価規準に基づいて，資質・能力の育成状況を見取ろうとするのが，観点別学習状況の評価です。ここでは，「この生徒は○○点しか取れなかったな」などという量的なものさしではなく，あくまでもどのような資質・能力が身に付いているかという質的なものさしで評価することになります。こうした営みは，生徒の資質・能力の質的な高まりを重視する立場です。教師がこうした立場で自分たちの力を伸ばそうとしてくれているわけですから，そうした姿勢はそのまま生徒の学習状況にプラスの効果をもたらすことでしょう。

②評価結果を，生徒の学習の改善に確実につなげるために

　「生徒サイド」で考えたとき，観点別学習状況の評価が，自らの学習の改善につながることが重要です。それでは，教師が行った学習評価が生徒の学習の改善につながるとは，どのようなことなのでしょうか。端的にいうならば，それは，観点別にきめ細かく学習状況を評価した結果，生徒が自らの学習状況を自ら認識することができ，より一層学習の充実につながるということだと考えられます。

　しかし，Ａ・Ｂ・Ｃで評価された結果が，即座に生徒の学習の改善につながるものなのでしょうか。

　実は，ここで重要なのも，やはり「生徒サイド」でのものの考え方でしょう。単に評価結果を生徒と共有したからといって，生徒が主体的に学習を改善するとは限りません。Ａ・Ｂ・Ｃの評価結果の「意味」をできるだけ生徒の立場に立って説明し，生徒が「今後の学習の見通し」をもつことができるように導くことが大切なのではないでしょうか。

　具体的には，単元ごとに評価結果を示し，生徒たちとともに，単元の目標や評価規準の再確認を行ったり，具体的にどのような学習状況であれば，Ｂ規準を満たすのかについて説明したりすることが重要です。観点別学習状況の評価について理解のある教師は，おそらく単元の学習を始めるときに，こうしたことの共有を行っているはずですから，そうした場合は，より一層効果的だと考えられます。

　大事なことは，生徒が，教師の評価に対する考え方や評価結果に納得すること，また，評価に関する教師からのアプローチから，「自分はこうした点はできたけれども，こうした点についてはまだ不十分だな」と理解してもらい，「それなら，これから自分の学習は，こうしていこう」などと，学習の方向性を認識してもらうことでしょう。こうした認識がもてるように評価を介して誘うことが教師には求められているのです。

12

授業における語りのデザイン

　「教師のマインドセット」と一部重なりますが，生徒主体の授業づくりと大きく関わると考えられる要素として，教師・生徒の「語り」を挙げたいと思います。

①授業のムード，生徒のモードを左右する教師の語り

　先の項で，教室では教師と生徒は「鏡」のよう，と形容しましたが，高等学校国語科のこれまでの多くの授業において，そのムードを形成してきたのは，圧倒的に教師の語りではないでしょうか。

　生徒は，教師の醸し出す様々なサインを解釈して七変化します。例えば，明るい口調で親しげにかつ丁寧に語れば，素直に応じ，厳しい口調で上から目線で語れば，萎縮したように振る舞うかもしれません。本項では，そうした特性を活用して，授業を活性化させ，生徒の思考を促す教師の語りのデザインについて考えたいと思います。

　小学校の授業を拝見していて，うまいと感じるのは，教師が語りによって，児童の関心を高めようとしている場面です。児童の注意力が散漫になっているときには，「みんな，こっち向いて」と言った後，わざと少し沈黙してみたり，まるで読み聞かせをしているかのように，内容によって声色を変えたりするようなシーンは，高等学校ではなかなか拝見できません。

　しかし，人間を相手にしている以上，語りによって，引き付けることもできれば，飽きさせることもできるのです。したがって，授業において展開に応じて語りをどのようにデザインすればよいかを考えることも重要です。

②目的に応じて，語りをコントロールする授業技術

それでは，授業において，どのような語りのデザインが効果的なのでしょうか。紙面で，語りの全ての要素について説明するのは難しいですが，思い浮かぶのは，以下のようなものです。

○**語りの声質**

案外，教師の声質も授業のムードを左右します。図太い声ばかりだと重苦しく感じ，高い声ばかりだとどこか落ち着きません。

○**語りの速さ**

速すぎると生徒は急かされるように感じ，スローすぎると生徒は集中しにくくなりがちでしょう。緩急をうまくつけたいところです。

○**語りのリズム**

沈黙の時間（間）をうまく使ったり，場面によってリズムを変えたりして，生徒と阿吽の呼吸で展開したいものです。

○**語りの抑揚**

声の強弱や，速さやリズムの緩急に加え，しっかり押す場面と引いて生徒の様子をうかがう場面など，工夫したいところです。

○**語りの情報量**

充実した解説には多くの教師が慣れていますが，逆に情報量を抑制して疑問を抱かせたり，小出しにして結論に導いたりと工夫しましょう。

○**語りの構成（情報の質）**

授業の構成そのものですが，例えば，解説に力点を置いて，その後，焦点化して疑問を抱かせるのか，解説を少なくして，大きな疑問を抱かせるのか，などです。

○**表情や身振り手振り（ノンヴァーバル）**

重要なのは，これらの要素を，目的や場面に応じて変化させながら組み合わせ，生徒を引き付けることなのです。

13

大学入試等への対策

　一見，生徒主体の授業づくりとは逆のようですが，高等学校の場合，授業づくりと大学入試等への対策とは大きな関わりがあります。

①大学等の合格のための授業か，合格を一里塚とみなした授業か

　いわゆる進学校では，大学入試等への対策と称して，生徒主体の授業づくりが無理だと考える教師もいるでしょう。

　筆者の立場は，実情として，そうした姿勢に一定の理解を示しつつも，やはり，高等学校教育が大学入試等に従属するような姿勢は正直情けない，というものです。そもそも「進学校」というものは，単に学校が標榜しているだけであって，制度的に確定した名称ではありませんし，高等学校として，「進学校」と呼ばれない学校に比して，優位にあるわけでもないでしょう。どの学校も一人一人のかけがえのない生徒を預かる重要な教育機関なのです。

　したがって，「受験」を錦の御旗のように語る教師は，少し視野が狭いと考えざるを得ないのです。国語という教科で述べるなら，「国語は受験に必要だから勉強したい」という生徒と，「国語は意義深く興味があるから勉強したい」という生徒のどちらの生徒の方を育成したいでしょうか。当然，多くの国語科教師は後者の生徒を選択するでしょう。教師の姿勢もこれと同じではないでしょうか。

　志は高く掲げ，高等学校国語科の授業が社会人になってからも長く生かされ，かつ，志望校への合格も手に入れられるような授業を行うべきではないでしょうか。両者は，接近不可能なほど離れたものなのでしょうか。

②大学入試等への対策と生徒主体の授業

　それでは，大学入試等への対策と生徒主体の授業との関係について，どのように考えればよいのでしょうか。

　あくまでも私見ですが，「入試対策」と銘打ったギラギラした授業は，いわゆる進学予備校のようで，生徒たちは案外好まないような気がします。筆者がかつて勤務した大学で中高の国語科教員を志望する学生に対するアンケートを採った際にも，「こんな授業はしたくない」回答として，「入試対策のような授業」と答えた学生が何名もいました。生徒は，当然のことながら，学校と塾の違いを知っているのです。

　ただし，大学入試等の問題にも，工夫されたものが数多く存在しています。したがって，「入試対策」と銘打つのではなく，教科書教材の関連教材として位置付けたり，定期考査における初見のテキストとして位置付けたりして活用すればよいのではないでしょうか。

　また，理由は分かりませんが，いわゆる進学校には，資質・能力を重視した新学習指導要領と距離を取ろうとする教師が少なくないようです。しかし，そもそも進学実績を上げるためには，そのために必要な資質・能力に敏感でなければならないはずです。また，国語科の場合，大学入試等の問題に用いられる文章素材は初見であることが目指されるため，可能な限り，「使い切り」が理想と考えられています。

　したがって，大学入試等の問題分析を行う際には，単にその文章の読み方，その設問の解き方だけを研究したり解説したりするのではなく，その文章を読む際に必要な資質・能力，その設問を解く際に必要な資質・能力に着目しなければ十分とはいえないのではないでしょうか。

　つまり，こうした前提を踏まえて，大学入試等への対策を上手に日々の教材研究や授業構想の充実に結び付けることが，教師・生徒双方にメリットを生み，結果的にむしろ合格への近道となるのではないでしょうか。

14

組織的な授業改善の取組紹介1

　生徒主体の授業づくりは，一人で進めようとすると難しい場合も多いようです。外部から刺激を得たり，仲間をつくって協働的に進めたりする方が効果的な場合があります。

①外部からの刺激は，時に大きな効果につながる

　実例を挙げてみましょう。筆者は，本書で事例紹介している，茨城県立土浦第三高等学校に令和5年度に3回お伺いし，それぞれの訪問前にオンラインミーティングを計3回行いました。

　筆者との最初の出会いの際のことを，国語科の橘内敏江教諭は以下のように素直に回想されています（以下，一部抜粋）。

　はじめは，大滝先生は「文科省のお偉い先生」くらいにしか考えていなかった。私は前に述べたように，自分なりに試行錯誤を繰り返してきた非常に危うい教員であるため，不安しかなかった。その裏返しで，反抗心もあった。県教育研修センターから降りてきてくれた同僚から説明を受けても，最初は受け入れることも理解することも難しかった。

　こうしたマインドの教師は，全国的にも少なくないかもしれません。しかし，橘内教諭は筆者からのアプローチを受け，変化していきます。

　しかし，自分なりに工夫して実践を繰り返していた生徒主体の授業を1回目に展開すると，授業中に生徒に何度も質問を繰り返し，それに懸命に何度も答える生徒の姿に対し，「生徒に余力がある」「ヒリヒリするような授業が見たい」

「予定調和の授業ではつまらない」などというお言葉をいただき，心に火がついた。確かにそうでなくてはつまらない。私はとことん中途半端なのであった。また，自分自身が経験していない内容であっても，どんどん挑戦するように，背中を思い切り押していただいた。さらに，これが一番申し訳なかったが，大滝先生がお書きになった「新学習指導要領」をまだ拝読できていなかったのだが，ご本人から見透かされ，「特に解説は物語を読むように読めますから読んでください」とのお言葉を受け，それから初めて拝読して，自分の授業を強化する後ろ盾も受け取ることができた。

　このように，橘内教諭はもともと生徒主体の授業を目指されていたものの，筆者という外部からのアプローチによって，大きな刺激を受けられたことがうかがえます。さらに，以下のように，最終的には，協働的な授業改善を大変肯定的に受けとめてくださるようになったのです。

回を重ねていくと，大滝先生も大変優しいお言葉をかけてくださるようになった。私たち教員の一人ひとりの個性を認め，尊重して助言をくださるようになった。それはそのまま，私たち教員が生徒たちに向けるあたたかい指導の在り方に重なるものであった。私たちもヒリヒリしながら懸命に準備し，大滝先生にお目にかかるのを楽しみにするようになっていった。最後の日は，もうお会いできなくなるのが寂しいほどであった。

　手前味噌で恐縮ですが，外部からの新たなアプローチが，時に多大な効果を発揮するという事実を橘内教諭のモノローグは語っています。

15

組織的な授業改善の取組紹介2

①組織的な授業改善は，管理職の考えの下で協働的に

　紹介している茨城県立土浦第三高等学校の事例において重要だったのは，県の国語科の重鎮である渡邉克也校長の下，国語科教師が協働的に授業改善を進めてくださったことです。渡邉校長は，筆者の継続訪問の成果について，以下のように回想されています（以下，一部抜粋）。

> ・国語科の教員同士が指導方法について，生徒の成長という共通目標のために，世代を超えてお互いの授業を観察し，意見を交え研鑽をおこなうことで，更に意欲的に工夫改善する機運が高まった。また，これまであまりチャレンジしてこなかった分野やアプローチ方法などについて大滝先生から背中を押してもらい，新たな扉が開いたように感じている教員が多い。

　また，川上弘教頭も，以下のように振り返られています。

> ・国語科の教員全体で，何を学ぶか，どのように学ぶか，について活発に話し合う機会はなかなか作れないため，研究授業の機会を設けたことで，それぞれの指導法の工夫点や改善策について討議する場が作れたことは国語科教員全体にとって新たな気づきや発見があり，それらを意識した授業実践に努めたため，非常に有意義でした。

　当然のことながら，こうした成果は，校内で国語科の協働的な授業改善を支える管理職の存在あればこそでした。

②授業改善のゴールについて，広く共有を

　こうした組織的な授業改善の取組を一時のものに終わらせないためにも，その成果を広く周知する方がよいでしょう。校内で他教科等の教師に公開したり，可能なら校外にも公開したりできると取組が引き締まります。

　茨城県立土浦第三高等学校の場合は，第3回訪問の研究授業の際に，県内の高等学校だけでなく，地域の教員養成大学にも周知し，学生も参加しました。渡邉校長は，その効果を以下のように綴られています。

・全3回の公開授業に本校職員の多くが参加し，同僚の授業改善のプロセスを目の当たりにすることができた上に，研究協議で指摘された事項は毎回1枚の報告書にまとめ，職員全体で共有した。
・こうしたプロセスを経ることで，学校全体で目の前の生徒の実態を踏まえ，目標とすべき資質・能力を設定し，そのために適切な学習活動や指導方法の選択をしようという具体的な授業改善の動きが生まれつつある。

・第3回目（1月16日）には高等学校の教諭ばかりではなく，大学関係者，中学校，大学生まで54名もの参観者があり有意義な研修の機会となった。（中略）終了後の参加者によるアンケートからも貴重な学びの機会となったことがうかがえた。

　個人の垣根の高い高等学校において組織的な授業改善が進むためには，こうした情報共有の取組の工夫も求められるのです。

第 **3** 章

生徒主体の領域別授業づくり

CHAPTER
3

1 話すこと・聞くこと

「話題の設定」の指導と評価

①各科目の性格に応じた話題の設定

〔思考力，判断力，表現力等〕の各領域の指導事項は，明確化された学習過程に紐付いて設定されています。「話すこと・聞くこと」の最初の過程には，「話題の設定」が位置付けられています。したがって，学習過程の手始めは，生徒に，話したり聞いたり話し合ったりする話題を設定させることだということになります。

答申の課題にも示されていたように，高等学校国語科では，この領域の指導は必ずしも十分には行われていなかったようですが，さらに「話題の設定」といったとき，どれくらいの教室で学習指導が行われていたでしょうか。

しかし，一般にそもそも何かを表現する際に，その話題（テーマ）が与えられていることは多くはないかもしれません。大きなお題は設定されていたとしても，具体的な話題の設定は，話者に任されるのが通例でしょう。

「話すこと・聞くこと」の領域は，「現代の国語」と「国語表現」に位置付けられていますが，「現代の国語」の場合は「実社会の中から適切な話題を決め」，「国語表現」の場合は「実社会の問題や自分に関わる事柄の中から話題を決め」と示されています。

単元によって，こうした指導事項を目標に掲げない場合には，教師が話題を提示して学習することも通例でしょう。しかし，この指導事項を目標に掲げたならば，教師は，生徒が適切に話題が決められるような指導と評価を行う必要があります。

② 「話題の設定」の指導を行う際のポイント例

「現代の国語」では「実社会の中から」話題を決めることになっていますが，教師が「社会の中で気になっていることをテーマにしましょう」と言うだけでは，適切な話題は設定しにくいと考えられます。話題の具体は生徒が設定するとしても，どのような話題が適しているかについての指針を示した方がよいでしょう。指導事項の冒頭の「目的や場に応じて」ということも参考にしたいところです。

例えば，生徒が話題を考えやすいようにするため，以下のような項目が考えられます。

○そもそも何の目的で表現するのか

　新しい情報を紹介する，調査したことをまとめて報告する，異なる考えに対して説得する，共感を得る，など。

○どのような相手に対して，どのような場で表現するのか

　クラスメイトに対して教室で表現する，地域の会場で大勢の方々に対して発表する，関心のある人もない人も混在した状況で表現する，など。

○説得や共感が得られるよう，自分が必要な情報を収集できる話題か

　身近な事柄に関連する社会問題や，ネットや図書館等で必要なデータがそろえられる話題，など。

○高校生として一定の立場に立てる話題か

　全くの評論家としての立場ではなく，何らかの立場をとり，その話題に対する関係について主張できるか，など。

など

学習評価を行う際にも，こうした項目をあらかじめ示しておくと，それに沿った話題設定がなされているか，評価を行いやすくなるでしょう。

2 話すこと・聞くこと

「情報の収集」の指導と評価

① 「話題の設定」や「内容の検討」と大きく関わる「情報の収集」

　「話すこと・聞くこと」においては，「話題の設定」に続き，「情報の収集」が位置付けられています。「現代の国語」と「国語表現」の指導事項では，「内容の検討」も含め，３つの過程が１つの指導事項として示されているため，実際には，「情報の収集」だけを評価することは考えにくいですが，「情報の収集」は，「話題の設定」と「内容の検討」の間を結ぶ，重要な資質・能力と考えてよいでしょう。

　それでは，「情報の収集」の指導と評価に当たって，どのようなことに留意するべきなのでしょうか。

　可能ならば，設定した話題に照らして，適切な情報を的確に，かつ，効率的に収集できるに越したことはありません。しかし，高校生がいきなりそのような収集活動ができるわけではないでしょう。したがって，「情報の収集」の学習過程は，ある程度大きく網を掛けて，関係すると考えられる情報に広く当たらせる必要があります。

　また，「情報の収集」のみで考えるのではなく，「話題の設定」や「内容の検討」とセットの指導事項であるという点を踏まえることも重要です。設定した話題に適した情報を収集できているか，表現する内容を検討する中で必要となった情報を新たに収集できているか，必要に応じて，収集した情報を取捨選択できているかなどの点に留意しながら指導と評価を行うことが有効だと考えられます。

②情報の質や信頼性，収集の方法など，多様な指導のポイント

　また，情報収集の方法についても工夫が必要です。高等学校でも１人１台端末が普及しつつありますので，インターネットの情報収集はやりやすくなりました。その一方で，学校図書館や公共図書館を国語科の授業で活用することは必ずしも十分ではないようです。国語科は言葉を扱う教科と言われながらも，こうした情報の宝庫ともいえるコンテンツをアクティブに活用しようとする教師は残念ながら多いとはいえません。司書教諭や学校司書の方と連携しながら，生徒が，目的に応じた情報収集をしやすくなるようなサポートが求められます。

　さらに，収集する情報についても，テーマが，仮に社会問題ならば，ネットで探せる情報だけではなく，図書館に所蔵されている，電子化されていない過去の資料や文献，新聞・雑誌などにまで範囲を広げることが必要でしょう。これらの情報は，信頼性の程度が様々ですので，その点に関する吟味も必要です。「情報の収集」に指導の重点を置くならば，例えば，「現代の国語」なら，〔知識及び技能〕の目標に(2)「エ　情報の妥当性や信頼性の吟味の仕方について理解を深め使うこと」を掲げることも，単元の指導においてはプラスに働くと考えられます。

　また，これらの情報は，以下の学習過程において，単にスピーチ原稿などの完成につながるだけではなく，プレゼンテーションのスライドに記載される情報としても重要な役割を果たします。そのため，「現代の国語」の〔知識及び技能〕(2)「オ　引用の仕方や出典の示し方，それらの必要性について理解を深め使うこと」についても学習する好機といえるでしょう。

　このように，「情報の収集」の指導は，単に数多くの情報が収集できればよいのではなく，その質や収集方法など，様々な指導のポイントが考えられる学習過程なのです。しかし，そのため，個々の生徒の学習状況を見取ることには難点も考えられます。収集の過程を記録するなど，状況をモニターできる工夫を研究する必要があります。

話すこと
聞くこと

書くこと

読むこと

現代の国語

言語文化

論理国語

文学国語

国語表現

古典探究

話すこと・聞くこと

「内容の検討」の指導と評価

①音声言語ならではの「内容の検討」の在り方

　「話題の設定」「情報の収集」に続き，「内容の検討」の学習過程が位置付けられています。「内容の検討」は，収集した情報を整理しながら，自らが伝えたい内容を吟味する過程です。

　この過程を「情報の収集」と切り離して，独立して指導したり評価したりすることは難しいかもしれません。しかし，「内容の検討」に関する資質・能力を適切に育成することは，表現に関する資質・能力の育成のためには大変重要なことといえます。

　「話すこと・聞くこと」の領域の場合，伝えるべき「内容」は，目的や相手，場などの「変数」に応じて変わっていくのが自然でしょう。したがって，スピーチなどの指導の際にも，まるで式辞のように読み上げられるようにスピーチ原稿を完成させることは，必ずしもゴールではありません。音声言語の表現は，リアルな相手やその場の状況への瞬時の対応が求められるからです。

　したがって，論理的な表現であれば，話の核となる主張やそれを支えるに足る論拠（根拠と理由付け）との関係を明確にしながらも，話の具体については，「変数」に応じて，臨機応変に対応できるよう，様々な場合を想定させておきながら検討・吟味させることが必要だと考えられます。

　例えば，話の中心となる素材は同じでも，与えられた時間に応じて内容を調整したり，相手の反応に応じて，予定していたエピソードを取捨選択したりすることはよくあるでしょう。大切なことは，何か絶対的に正しいゴールに導くことではなく，望ましいコミュニケーションの在り方について共通理

解を行った上で，そこから様々な「変数」をにらみながら，「内容の検討」
を適切に行わせることなのです。

②「内容の検討」の評価を踏まえた学習指導

　実際の指導に当たっては，学習評価を的確に行えるように，ワークシート
やクラウドに，収集した情報を整理させ，伝えたい内容を絞り込ませるなど，
学習状況を可視化させるのが通例だと考えられます。

　この際，「内容の検討」のプロセスをも可視化させられるとよいでしょう。
情報を取捨選択した結果，採用した情報だけが残されるのではなく，採用さ
れなかった情報まで残されると，取捨選択の判断状況を見取ることができま
す。また，その際，なぜそのような取捨選択を行ったかという理由まで書か
せておくと，生徒の思考を辿ることができます。

　また，実際の発表原稿の作成に当たって，内容を絞り込む場面においても，
生徒が作成したマッピングなどを確認しながら，生徒がどのような内容を中
心的に考え，伝えたい内容をどのように吟味したかについて，できる限りき
め細かく把握できるようにしておくと効果的でしょう。

　ただし，繰り返しになりますが，「内容の検討」の過程のみを評価するの
は難しいと考えられます。どのように適切に話題が設定できたか，設定した
話題に対して，どのように必要な情報を収集できたか，収集した情報を必要
に応じてどのように取捨選択できたか，伝えたい内容をどのように適切に検
討・吟味できたか，といった点について，一連の流れと捉え，生徒の学習活
動に応じて焦点を定めて評価を行っていく必要があるでしょう。

　場合によっては，実際に話したり話し合ったりする活動の状況から逆算し，
「内容の検討」の妥当性を評価する方法を考えてもよいかもしれません。

話すこと
聞くこと

書くこと

読むこと

現代の国語

言語文化

論理国語

文学国語

国語表現

古典探究

4 話すこと・聞くこと

「構成の検討」の指導と評価

①音声言語の表現において欠かせない「構成の検討」

「話題の設定」「情報の収集」「内容の検討」に続き，「構成の検討」の学習過程が位置付けられています。指導事項は，「構成の検討」と「考えの形成」がまとめられて１つの指導事項として示されています。

高等学校国語科で熱心に指導されている「読むこと」においても，文章の「構成や展開」という形式的な側面については，あまり注力されていない印象があります。それと同じく，「話すこと・聞くこと」の学習においても，スピーチや発表の内容に対する着目はなされても，「話の構成や展開」という点においては，指導が十分行われてはいない傾向にあるのではないでしょうか。

しかし，「話の構成や展開」を工夫することは，音声言語の表現においては大変重要です。記録しない限り，音声はすぐに消えてしまいます。したがって，印象深くするためにも，例えば，重要なポイントをできるだけ先に話したり，聞き手の興味・関心を引くために，導入部分では身近な内容から始めたりといった工夫は誰しもイメージできるでしょう。また，聞き手が理解しやすいように，時系列で説明したり，概説から始めて具体の話題に移ったりといったこともお馴染みの構成・展開の工夫だといえます。

②様々な「変数」を織り込んだ上での検討の必要性

しかし，こうした一般的な工夫だけでは高等学校国語科の学習としては十分とはいえません。「現代の国語」の指導事項イでは，「相手の反応を予想して論理の展開を考える」ことが示されています。「論理の展開」とあります

から，論理的な表現を想定した指導事項ですが，その際，「相手の反応を予想」することが求められているのです。これはそう簡単なことではありません。自分の主張が説得力をもつように，論理の展開を工夫するのは通例でしょうが，ここでも「相手の反応」という「変数」を織り込むことが必要とされているのです。

そもそも「相手」にもいろいろな場合が考えられます。話題に関心があり共感してくれそうな人，異なる立場や反論してきそうな相手，親交のある気心知れた人，初対面の人，様々な見知らぬ人だらけの聴衆。こうした様々な「相手」について，自分の話がどのように受けとめられるだろうかということを予想しなければなりません。

したがって，授業においては，たとえ日々共に学校生活を送っているクラスメイトが聞き手であっても，自分の話にどのような反応を示してくれるのかを頭でシミュレーションしながら実際の表現につなげていく必要があります。その際，どのような異なる考えをもつ相手がいるかをワークシートに記入し，そうした相手であっても受け入れてもらえるような論理の展開を考える学習が効果的でしょう。

また，「国語表現」の指導事項は２つあり，論理的な表現を想定し，「相手の反論を想定して論理の展開を考える」ことが示されたイと，相手に共感してもらう表現を想定し，「具体例を効果的に配置する」ことが示されたウがあります。

前者においては，「反論」という用語から分かるように，討論までをも見据え，論理の展開の工夫が求められています。例えば，自らの主張を訴える前に，想定される反論をわざわざ提示しておくのはこの類いでしょう。後者においては，相手の共感を得るために，できるだけ相手の腑に落ちるトピックを用意しておくことはもちろん，それらの配置の仕方の工夫も重要であることが示されています。インパクトのある具体例を先に示すパターンもあれば，次第にインパクトを高める配置も考えられます。また，異なる視点からの身近な具体例を次々と示せれば，聞き手の共感も得やすいでしょう。

話すこと
聞くこと

書くこと

読むこと

現代の国語

言語文化

論理国語

文学国語

国語表現

古典探究

5 話すこと・聞くこと

「構造と内容の把握」「精査・解釈」（聞くこと）の指導と評価

①高校生に求められる高度な「聞くこと」の学習

　これまで主に「話すこと」や「話し合うこと」に関する学習過程について述べてきましたが，「聞くこと」の指導も音声言語の指導においては大変重要です。それにもかかわらず，「聞くこと」の指導も，筆者の知る限り，高等学校国語科の授業でほとんど目にすることはありませんでした。もちろん，生徒は，常日頃，教師の解説をしっかり聞いているのだから，改めて「聞くこと」の指導など不要だと考える教師もいるかもしれません。

　しかし，日常的に熱心に話を聞いているから，的確に話が聞けているという保証はありません。特に，講演会や説明会など，ある程度長い時間を要する話を聞く際には，自分では分かりやすい話だったと思っても，聞き手によって理解できた内容や重視したポイントが異なることはよくあることでしょう。ほかにも，実社会の場面を想定すると，会議や討論などにおいては，話の内容だけではなく，話の巧みな構成や展開などを聞き，相手の意図やねらいを解釈しなければ，適切に発言することはできないでしょう。単に話を聞くのではなく，話の展開や相手の意図を「聞きながら読む」ことが，高校生レベルの授業では求められているのです。

　生徒主体の授業づくりという点で考えれば，「読むこと」の学習と同じく，固定的な結論に向かう「正確な聞き取り」だけでは面白くありません。

②「聞くこと」の指導と評価に向けて

　「現代の国語」の指導事項エでは，「論理の展開を予想しながら聞き，話の内容や構成，論理の展開，表現の仕方を評価する」ことが示されています。

話すこと
聞くこと

書くこと

読むこと

現代の国語

言語文化

論理国語

文学国語

国語表現

古典探究

前半の「論理の展開を予想しながら」聞くためには，話題を捉えることはもちろん，聞きながら，話し手の立場や主張の方向性をある程度把握する必要があります。その上で，話し手がどのような根拠（データ）を提示し，どのように理由付けようとしているかを想定しなければならないでしょう。話題にもよりますが，高校生にとって必ずしも平易なことではないはずです。

また，後半の「話の内容や構成，論理の展開，表現の仕方を評価する」については，生徒に価値判断を求めているわけですから，義務教育に比べて高度な資質・能力を求めています。こうした評価を行うためには，1分間スピーチではなく，もう少し長い間，話をじっくり聞かなければ難しいでしょう。

さらに，話の「内容」「構成」「論理の展開」「表現の仕方」のそれぞれについて，生徒が漠然と評価するのではなく，評価規準を念頭に置いていなければ，妥当性のある評価結果を示すことは難しいでしょう。

これらのことが適切に評価できるようになるには，様々な話を聞くだけでなく，自らも話し手としての経験を重ねる必要もあるでしょう。授業の中で，目的や場に応じて，どのように話せばよいかという知見を自らの経験を通してもつことが，話を評価する際に生かされるはずです。

「国語表現」では，さらに発展して，指導事項オでは，「論点を明確にして自分の考えと比較しながら」聞くことが，指導事項カでは，「視点を明確にして」聞くことが示されています。

このように，「聞くこと」の学習は奥深く，記録された音声を流して，単に聞き取れたかどうかをチェックするような指導では，指導事項として示された資質・能力を育成することは難しいと考えられます。的確に話のポイントを聞き取った上で，話の内容や構成，論理の展開，表現の仕方を評価し，最終的には「自分の考えを広げたり深めたり」することにつなげさせたいものです。

6 話すこと・聞くこと

「考えの形成」の指導と評価

①誤解しないようにしたい，「考えの形式」における「考え」

　「考えの形成」は，学習過程の明確化が図られた中でも改訂の要点にも掲げられている重要な過程であり，全領域に設けられています。「話すこと・聞くこと」の領域においても，「話すこと」「聞くこと」「話し合うこと」の全てに設けられています。

　しかし，この資質・能力についての受けとめられ方は，いろいろあるようです。「考え」という用語の抽象性のせいか，単なる「内容の整理」や「解釈」などを「考えの形成」と考えている教師もいるようです。ただし，学習指導要領上の「考えの形成」とは，あくまでも自分事として考えをもつ，という意味ですから，例えば「読むこと」において，作品の解釈をすることとは少しレベルが異なっています。

　「話すこと・聞くこと」の場合もそれと同じで，収集した情報に寄り添って単に解釈するだけでは十分とはいえません。自らの主張や伝えたい中心となる思い，さらには自らの思想，といったものまで，レベルはそれぞれでしょうが，いずれにしても，自分も関わる問題として，ある立場をとって考えを深めることを指しているのです。

　生徒主体の授業づくりという点からみると，「話すこと・聞くこと」の領域における「考えの形成」は，学習に対する生徒の主体性が色濃く発揮されるプロセスであると考えられます。この領域の学習において，無理矢理「やらされる」表現ではなく，「伝えたい」という強い意志に支えられた表現の方が意義深いのは明らかだからです。したがって，指導に当たっては，単元の学習活動をテンポよく「流す」ことに注力するのではなく，生徒が，伝え

るべき自分の考えを深められるように，学習場面をしっかり確保することが大変重要です。

②「考えの形式」の指導に向けて

　また，「話すこと」における「考えの形成」の指導事項は「構成の検討」とともに示されています。これは，実際に相手に対して表現する場面に先立って，検討・整理された内容について，構成を意識して配置しながら，自分の考えが固まっていくことを想定しています。実社会や実生活では，当然，話しながら考えが深まっていったり，考え直して発言を訂正したりすることはありますが，授業での学習活動としては，できるだけそうしたことのないように，自分の考えを整理しまとめて，効果的に話すことにつなげたいところです。したがって，「話すこと」の場合は，スピーチならば事前に書くスピーチ原稿で学習評価を行うことが可能でしょう。

　また，「聞くこと」における「考えの形成」の指導事項は「構造と内容の把握」「精査・解釈」「共有」とともに示されています。「現代の国語」の場合，指導事項エの「聞き取った情報を整理して自分の考えを広げたり深めたりする」という部分が，特に「考えの形成」に関係する部分だと思います。したがって，学習評価を行う際には，単に，何を聞き取ったかではなく，聞いた上でそのテーマや内容についてどのように考えたのかをワークシートなどに表現させるとよいでしょう。

　最後に，「話し合うこと」における「考えの形成」の指導事項ですが，「話合いの進め方の検討」「共有」とともに示されています。複数の生徒が，話し合いながら，どのように考えを深めたかをリアルタイムに見取ることは難しいと思いますが，どのように考えを深めたかが分かるように，話題（テーマ）に関する自分の考えを事前に書かせておき，話合いの振り返りの際に，その記述を更新させてもよいでしょう。

話すこと
聞くこと

書くこと

読むこと

現代の国語

言語文化

論理国語

文学国語

国語表現

古典探究

7 話すこと・聞くこと

「表現」の指導と評価

①活動のみに流れることを避けるには

　「表現」は，「話すこと・聞くこと」の領域においては，学習活動の最も目立つ場面となる学習過程でしょう。スピーチや発表の学習においては，スピーチ原稿や発表資料の作成といった準備段階を経て，いよいよアウトプットを行う，まさにその場面の学習指導に当たり，最もイメージしやすいのではないでしょうか。

　ここまでの過程の学習が充実していれば，生徒は「やらされて表現する」のではなく，「やりたくて表現する」モードになっているはずです。したがって，生徒主体の授業づくりの上では，「表現」の学習過程は，それまでに広げたり深められたりした思いや考えを，主体的に発露する段階だといえます。

　ただし，ここでも注意すべきことがあります。目立つアウトプットの活動があるのは，学習評価を行うにも都合がよいのですが，「指導」にならず，「活動のみ」で授業が終わってしまう懸念があるのです。活動のみにならず，指導にするためには，生徒にとって，表現に関する資質・能力の向上のための学びがなければなりません。

　そのためには，アウトプット（話す）の内容だけでなく，「どのように話すか」という点について生徒が事前に考え，実際のアウトプットの活動の際にもそれを意識し続け，さらに活動後にも振り返れるような授業展開が必要でしょう。そういう意味では，「表現」とは，単に表現するということではなく，どのように効果的に表現できるか，という点を強く意識した学習過程だといえます。したがって，せっかく教室の前に立っても，スピーチ原稿を

読み上げるだけのスピーチでは，効果的な表現ができていないことになります。

② 「現代の国語」における「表現」の学習指導のポイント

それでは，どのような指導が求められるのでしょうか。例えば，「現代の国語」の「表現」に関する指導事項ウでは，「相手の理解が得られるように表現を工夫する」ことの例示として，「話し言葉の特徴を踏まえて話したり，場の状況に応じて資料や機器を効果的に用いたりする」ことが示されています。原稿を読み上げるならば，それは音読や朗読であり，「話し言葉の特徴」を踏まえることは難しいでしょう。以下のような学習指導のポイントが考えられます。

○事前の指導（スピーチ原稿の表現指導など）

　相手や場に応じた待遇表現，表現技法の工夫，効果的に伝えるための言葉の選択など，アウトプットに先立つ表現の工夫に関する指導。

○アウトプット時の指導①（話し言葉の特徴を踏まえた工夫）

　相手や場に応じて，口調を変えたり，強調したい言葉を繰り返したり，気を引くために聴衆に呼び掛けたりするなどの工夫に関する指導。

○アウトプット時の指導②（資料や機器などを用いた工夫）

　配付資料やスライド，実物提示など，相手や場，伝える内容などに応じた工夫に関する指導。

○アウトプット後の振り返り

　生徒同士の相互評価をはじめ，改善を図るための教師による指導。

など

学習評価を効果的に行うためにも，アウトプットの活動が充実するように，授業のあらゆる場面での指導が求められます。

話すこと聞くこと

書くこと

読むこと

現代の国語

言語文化

論理国語

文学国語

国語表現

古典探究

8 話すこと・聞くこと

「話合いの進め方の検討」（話し合うこと）の指導と評価

① 「話合い」自体の資質・能力を高めることの重要性

　近年，高等学校の多くの教科等の授業で，生徒がペアやグループで話し合う光景を拝見できるようになりました。国語科でも例外ではなく，教室で話合い活動が行われる光景は珍しくなくなりました。

　しかし，「話すこと・聞くこと」の領域における「話し合うこと」の学習が十分行われているかといえば，回答に苦慮するところかもしれません。討論や議論などが授業に言語活動として取り入れられることはあっても，討論や議論それ自体をより効果的に行うための学習指導は，まだまだ十分とはいえないのではないでしょうか。しかし，コミュニケーションに関する資質・能力の育成が求められる状況にあって，「話し合うこと」に関する資質・能力の育成は急務となっています。

　そういう意味では，「話合いの進め方の検討」に関する指導事項は，「話し合うこと」を象徴するものといえます。話合いの「進め方」について，「現代の国語」の指導事項オでは，特に「表現や進行など話合いの仕方や結論の出し方を工夫する」ことが，「国語表現」の指導事項キでは，特に「話合いの進行や展開を助けたりするために発言を工夫する」ことが示されています。

　話合いというと，とかく話し合うテーマや内容ばかりが注目されがちですが，話合いの目的の実現に向けて，どのように話し合うかという点が大変重要です。どんなに優れた意見をもっている人でも，話合いの進行を妨げたり，強引に結論を導き出そうとしたりすれば，話合いはうまく進まないでしょう。

② 「話合いの進め方の検討」の指導と評価のポイント

したがって，学習指導の際には，話合いの目的や合意形成に向かうための留意点などを共有した上で，円滑に話合いが進むために，司会の果たすべき役割はもちろん，それぞれの立場を明確にしつつ，共通点と相違点を確認し合うなど，論点が錯綜した話合いにならないように留意させる手立てを講じることが大切です。また，特に相違点については，単に話し手の考えが異なることを確認するだけでなく，具体的にどういう点が異なるのか，そうした相違が生まれるのは根拠や理由付け，前提等，どの要素が異なることによるのかなど，きめ細かにその違いを相互に確認し合うことが重要です。

また，話合いの多くは，合意形成を目指して行われることが多いですが，ブレーンストーミングや座談会など，必ずしも合意形成を目指さないものもあります。したがって，学習評価に当たって，「結論の出し方」の工夫については，こうした話合いの種類にも留意しながら，どの程度まで話合いを収束させればよいのか，話合い全体を俯瞰した際に「結論」としてどのような成果が得られたのかなどについて具体的に見取ることが必要でしょう。

一方，討論や会議など，一定の合意形成を目指して進められる話合いについても，「結論の出し方」には注意が必要です。そもそも参加者全員が完全なる合意に至るケースは稀だと考えられます。異なる立場の参加者が多ければ多いほど，結論の一部を保留したり，最終的に多数決に至ったりしがちでしょう。しかし，安易に妥協した結論に至らず，真剣に議論した上で，それでも結論に至らない場合，それがよくない話合いだとは必ずしもいえないのではないでしょうか。重要なのは，「結論そのもの」なのではなく，「結論の出し方」を工夫することなのです。

したがって，学習評価を行う際にも，合意形成ができたかどうかではなく，結論に至るまでのプロセスをしっかり見取る必要があります。場合によっては明確な合意形成ができなくても，その話合いとして妥当なプロセスを踏んで一定の結論にたどり着いているのであれば，そのプロセスを評価すればよいのではないでしょうか。もちろん，そうしたプロセスを評価するためには，ICT などを効果的に活用する必要があることは言うまでもありません。

話すこと
聞くこと

書くこと

読むこと

現代の国語

言語文化

論理国語

文学国語

国語表現

古典探究

9 話すこと・聞くこと

「共有」の指導と評価

①そもそも「共有」とは

　「話すこと・聞くこと」の領域における最後の学習過程は，「話すこと」「聞くこと」「話し合うこと」のいずれも「共有」です。

　「共有」については，同じ名称の学習過程が，「書くこと」「読むこと」の領域にも設けられています。しかし，「共有」に関する指導事項が単独で設けられているのは，小・中学校の「書くこと」の領域と，小学校の「読むこと」の領域だけです。「話すこと・聞くこと」の領域においては，「共有」のみで独立した指導事項は設けられていません。また，高等学校国語科の「話すこと・聞くこと」の「共有」については，指導事項を眺めてもどこが「共有」の学習過程なのかが，一見したところ，分かりにくいかもしれません。

　そもそも「共有」とは，文字通り，学習の中で，クラスメイトなどと交流することを通して，互いの思いや考え，学習成果などを共有し，当該領域の資質・能力をより一層高めていく学習過程のことを意味しています。

　特に「話すこと・聞くこと」の学習は，他者とのコミュニケーションに関する資質・能力の育成を目指す領域ですので，「共有」は学習の目指すものとも合致しています。そのため，指導事項の文言として具体的に「共有」という文言が示されているわけではありません。

②「共有」を意識した指導と評価を進めるために

　ただし，学習過程の最後に「共有」が置かれているからには，「共有」を意識せずに指導してよいというわけではありません。それでは，「共有」における指導と評価について，どのように考えればよいのでしょうか。

　例えば，「現代の国語」の「話すこと」の場合，「話し言葉の特徴を踏まえて話したり，場の状況に応じて資料や機器を効果的に用いたりするなど，相手の理解が得られるように表現を工夫すること」が「表現」「共有」の指導事項として示されています。「表現」に関する文言で占められているように見えますが，「表現」の次の学習過程として「共有」が置かれているわけですから，教室においては，話し手の表現について，聞き手のクラスメイトから意見や評価を出してもらい，話し手・聞き手が一緒に，よりよい表現とは何かについて交流する学習が想定されていると考えられます。

　「聞くこと」や「話し合うこと」についても，同様に，よりよく聞くことについて，よりよく話し合うことについて共有する資質・能力の育成に向けた学習が想定されていると考えてよいでしょう。多くの場合，「共有」の資質・能力は，音声言語による交流活動を通して育成されることから，特に「話すこと・聞くこと」の領域については，小学校の指導事項においても明示的な文言は示されていないようです。

　したがって，学習評価においては，「共有」に関する資質・能力だけを焦点化して見取って評価することはしないものの，「共有」に関する資質・能力を高めるために行った交流などの学習活動を合わせて評価することが望ましいでしょう。例えば，先述の，「話すこと」における「表現」の場合，実際にスピーチなどの表現活動を行っているときだけでなく，その後の交流活動においても，「話し言葉の特徴を踏まえて話し」ていたか，「場の状況に応じて資料や機器を効果的に用い」られていたかなどについて意見交換し，「相手の理解が得られるように表現を工夫する」ことについての資質・能力を高めることができます。

　このように，「共有」の学習過程は，学習指導要領上，顕在化しにくい面もありますが，なくてはならない大切な学習過程ともいえます。「協働的な学び」が提唱される中，今後，一層注目されるべき資質・能力であるといえるのではないでしょうか。

話すこと
聞くこと

書くこと

読むこと

現代の国語

言語文化

論理国語

文学国語

国語表現

古典探究

10 話すこと・聞くこと

「言語活動例」の活用

　「話すこと・聞くこと」の領域の学習においては，言語活動を行うことが欠かせないため，言語活動の工夫という点ではかえって注目されにくいかもしれません。しかし，この領域の学習を実り多きものにするためには，単元構想において言語活動の工夫が大切です。

　以下に示した例は，茨城県立土浦第三高等学校の市川真人教諭による「理想の修学旅行をプレゼンしよう」という単元の指導計画です。この指導計画は授業前のもので，改善の余地もありますが，この単元の場合，モデルプレゼンテーションの視聴と気付きの交流，グループでの思考ツールによるアイデアの整理，プレゼンテーションスライドの作成，発表の練習，発表，相互評価，振り返りなど，多様な言語活動がねらいに応じて設定されており，言語活動が資質・能力の育成に資するものであることがうかがえます。

単元の指導計画　　　　　　　　　　　　　○は指導に生かす評価　◎は記録に残す評価

次	時	学習内容・活動	知	思	主	評価方法等
1	1	○単元の目標や進め方を確認し，学習の見通しをもつ。 課題　プレゼンにおいてどのような表現や言葉遣いが効果的か理解しよう。 ・グッドモデルとしてスティーブ・ジョブズのプレゼン動画を視聴する。 ・優れたプレゼンテーションに必要な要素は何か，グループで話し合い，ワークシートにまとめる。 ・プレゼンのパフォーマンスにおいて，声と語りの要素の重要さを理解する。 ・Canvaの使い方について説明を聞いて，グループで使い方について理解する。	◎			知：優れたプレゼンテーションに必要な要素は何か，特に話し言葉としての表現や言葉遣いについて理解している。 【ワークシートの確認】

		まとめ プレゼンでの効果的な表現や言葉遣いについて理解する。			
1	2 3	課題 理想の修学旅行について，プレゼンの資料を作成し，練習しよう。 ・修学旅行で訪問する都市（広島・神戸・大阪）を一つ選んで，一日の旅行プランをグループで検討する。 ・学習要素（文学，歴史，芸術，文化，科学，理科，平和，体育）を取り入れて，旅行のコースのアイデア，材料を集める。 ・思考ツールでアイデアを整理する。 （※旅行代金は考えない。時間・食事は考える） ・資料作成について役割分担をする。 ・Canvaを用いて，プレゼン資料を作成する。 ・グループ内でプレゼンの見せ方，効果的な声と語りについて考える。 ・優れたプレゼンの要素を意識しながら，プレゼンの練習をする。練習では声と語りを重視する。 まとめ 理想の修学旅行について，グループで発表資料を作成し，練習する。		◎	主：自分の表現について，友人からの評価を参考にし，優れたプレゼンになるために粘り強く工夫する中で，自らの学習を調整しようとしている。 【プレゼン資料の分析・行動の観察】
	4 本時	課題 大勢の聞き手にわかりやすく伝えるプレゼンに挑戦する。 ・聞き手を意識した声と語りについて確認する。 ・グループで練習をしたあと，クラス内で発表をする。制限時間5分以内。 ・他のグループのプレゼンを聴いて，相互評価をする。 ・自分たちのプレゼンについて，振り返り，単元を通して学んだことについて評価シートにまとめる。 まとめ 大勢の聞き手にわかりやすく伝えるプレゼンの方法を理解する。		◎	思：聴き手に自分たちの思いが伝わるように，効果的な表現を工夫している。 【プレゼン発表の観察】

話すこと
聞くこと

書くこと

読むこと

現代の国語

言語文化

論理国語

文学国語

国語表現

古典探究

11 書くこと

「題材の設定」の指導と評価

①生徒自らに「題材」（テーマ）を決めさせる

　「話すこと・聞くこと」の最初の過程には、「話題の設定」が位置付けられているように、「書くこと」の最初の過程には、「題材の設定」が位置付けられています。「題材」という文言は少し分かりにくいかもしれませんが、簡単にいえば、書く「テーマ」だと考えればよいでしょう。当然のことながら、文章を書くにはまず最初にテーマが明確になっていなければなりません。

　しかし、高等学校国語科の教室において、テーマが全て生徒に任されている場合は非常に少ないと想定されます。特に、教科書教材を読んだ後に、そこで提示されていたテーマについての文章を書くことが、教室では多いようですので、生徒の立場に立てば、「教師によって書かされることがかなり決まってしまっている」と思っているかもしれません。

　しかし、この「題材の設定」とは、生徒が、自分が書く文章のテーマを自ら決めることを意味しています。したがって、「話すこと・聞くこと」における「話題の設定」と同じく、大きなお題は教師が示すとしても、具体的なテーマ設定は生徒に行わせる必要があります。

　「書くこと」の領域は、「古典探究」を除く全ての科目に設けられていますので、個々の科目によって、書く文章は異なります。「現代の国語」や「論理国語」では、意見文や短い論文といった論理的な文章が中心でしょうし、「言語文化」では、伝統や文化に関連したテーマの随筆や短歌・俳句などが、「文学国語」では、文学作品の創作が想定されています。さらに、「国語表現」では、自分のことに関する様々な内容もテーマになり得ます。

② 「題材の設定」の仕方の留意点

したがって，「題材の設定」の仕方について，一概にはいえませんが，「話題の設定」と同じく，例えば，以下のようなことに留意させる必要があるでしょう。

○そもそも何の目的で表現するのか

新しい情報を紹介する，調査したことをまとめて報告する，異なる考えに対して説得する，共感を得る，独創的なアイデアを作品として表現する，など。

○どのような相手に対して，どのような条件で表現するのか

不特定多数の読み手に向けて表現する，クラスメイトに対して表現する，特定の考えをもった読み手に対して表現する，など。

○どのような条件で表現するのか

分量，表現媒体（文集，投稿，手書き・ワープロなど），期限，など。

○目的や相手に応じて，自分が必要な情報を収集できるテーマか

身近な事柄に関連する社会問題や，ネットや図書館等で必要なデータがそろえられる話題，など。

○高校生として一定の立場に立てるテーマか（意見文などの場合）

全くの評論家としての立場ではなく，何らかの立場をとり，その話題に対する関係について主張できるか，など。

○読み手にとって身近で興味を感じやすいテーマか（文学作品などの場合）

不特定多数の読み手から共感を得たり，日常生活の中で面白みが感じられるか，など。

など

なお，「題材の設定」については，単にテーマを決定しただけではその是非を十分判断できないことも多く，学習評価の際には注意が必要です。

話すこと
聞くこと

書くこと

読むこと

現代の国語

言語文化

論理国語

文学国語

国語表現

古典探究

12 書くこと

「情報の収集」の指導と評価

① 「話すこと・聞くこと」における「情報の収集」との違いは？

　「書くこと」においても，「話すこと・聞くこと」と同じく，「題材の設定」に続き，「情報の収集」が位置付けられています。「論理国語」を除いた他の科目では，「内容の検討」も含め，３つの過程が１つの指導事項として示されている点も「話すこと・聞くこと」と類似しています。ただし，「話すこと・聞くこと」に比して，「書くこと」においては，指導事項の記述がより明確になっている点もあります。

　特に，「現代の国語」と「論理国語」では，「情報の妥当性や信頼性を吟味」するという部分が共通しています。これらの科目では，主として論理的な文章や実用的な文章を書くことが想定されていることは，言語活動例に「自分の意見や考えを論述する」「報告書や説明資料などにまとめる」（以上，「現代の国語」），「特定の資料について，様々な観点から概要などをまとめる」「短い論文にまとめ」る（以上，「論理国語」），などから明らかですが，その際に，収集する情報について，その妥当性や信頼性が重視されていることが分かります。

②効果的に「情報の収集」の指導と評価を行うために

　したがって，これらの科目における「書くこと」の学習では，設定した題材（テーマ）と単に関連している情報を集めればよいわけではなく，妥当性や信頼性の高い情報を収集できているか，という点が重要です。「情報の妥当性や信頼性」については，別の項でも言及しましたので，ここでは割愛しますが，「知識及び技能」として習得した「情報の妥当性や信頼性の吟味の

話すこと
聞くこと

書くこと

読むこと

現代の国語

言語文化

論理国語

文学国語

国語表現

古典探究

仕方」に関する資質・能力をこの「情報の収集」の学習において発揮することが期待されます。

　論理的な表現においては，音声言語の場合も，根拠や具体例などの情報を引用する際に出典を示したり，データを改変しなかったりすることは大切ですが，文字言語の場合は，形として残るだけにより一層慎重な姿勢が求められます。こうしたことは，一見，当たり前のことのように受けとめられるかもしれませんが，実際の学習活動においては，情報の内容に気を取られるあまり，なおざりにされることも少なくないようですので，指導を怠らないように留意する必要があります。

　多くの点において，「話すこと・聞くこと」における「情報の収集」の項で述べたことと重複しますので繰り返しませんが，さらに，「書くこと」の学習において特徴的なこととして，著作権の問題があります。授業においては，著作物を広く利用することが例外的に認められていますが，授業外の場や相手に，生徒の成果物を配付しようとする際には，著作権者の許諾が必要な場合があります。たとえ出典を明示して引用した場合でも，配付する文章や作品の性格や，配付の対象・範囲によっては，生徒に十分留意させる必要があるでしょう。

　また，「文学国語」など，作品創作が目指される場合，「情報の収集」は書き手によってきわめて多様になることが想定されます。創作のために，参考となりそうな文学作品や，作品批評などをはじめ，作品世界のディテールを描くのに参考となりそうな，実在の場所や空間，人物など，あらゆるものが考えられます。

　したがって，学習評価を効果的に行うためには，どのようなテーマに基づき，どのような作品にしていくのかなど，生徒の作品構想が固まるプロセスと関連付けながら評価を行うことが大切だと考えられます。

13 書くこと

「内容の検討」の指導と評価

① 「書くこと」における「内容の検討」とは

　「書くこと」における「内容の検討」の学習過程は，「論理国語」を除き，「題材の設定」「情報の収集」とともに，「話すこと・聞くこと」の「話すこと」「話し合うこと」と同じく，1つの指導事項にまとめられています。特に，「書くこと」に特徴的なこととして，実際に記述を進める過程で，内容の検討も並行的に行われることが多いということが挙げられます。

　特に文学的な文章を創作する際には，人物設定やあらすじなどの骨子は決めるものの，実際に書き始めながら，小変更が繰り返されることはよくあることでしょう。また，論理的な文章を書く際にも，必要だと思った事例が必ずしも主張とぴったり合わないように思えたり，書きながら別の事例や根拠を思い付いたりすることはあり得るのではないでしょうか。

　このように，学習指導要領に位置付けられた学習過程の区分は，截然としているとは限りません。上の例のように，「内容の検討」と「記述」の学習過程の往還がなされる場合も多々考えられます。

② 「内容の検討」の指導と評価の充実に向けて

　①を踏まえると，指導と評価については，どのように考えればよいのでしょうか。

　「内容の検討」の学習過程が，「構成の検討」「考えの形成」「記述」よりも先に位置付けられているからといって，それらの学習過程に入る前に指導を終えなければならないということはありません。すでに述べたように，「記述」の学習過程において，「内容の検討」を再度行うことは不自然なことで

はないのですから，指導に柔軟性をもたせることが必要です。

　ただし，留意すべき点もあります。例えば，「考えの形成」と明確に区別することです。「内容の検討」が，題材（テーマ）を踏まえて収集した様々な情報を取捨選択して，必要な情報に絞り込んだり，伝えたい情報を練り上げていったりする営みを主に指しているのに対して，「考えの形成」は，題材（テーマ）との関係を踏まえて，自分事として，主張や，主張と整合する論拠などを吟味することを主に指しています。指導事項が異なるため，これらが混同されないように指導し，評価を行うことが求められます。

　そのためには，記述しながら内容の再検討を行う際に，「内容の検討」の過程で用いたワークシートを修正させるなど，変更箇所を可視化して，「内容の検討」に関する学習結果を明確化することが考えられます。

　また，「題材の設定」「情報の収集」と一体的に示されている指導事項ですから，指導や評価を漠然と進めないようにすることも重要です。特に学習評価を行う際には，個々の学習過程における資質・能力がどのように評価されたかを見取る必要があります。結果的に，情報が精選されていないからといって，「題材の設定」や「情報の収集」がいい加減だったとは限りません。したがって，この指導事項を目標に掲げるならば，それをきめ細かく見取らなければならない以上，「題材の設定」「情報の収集」「内容の検討」の学習に一定の時間を割き，それぞれの過程における資質・能力の育成状況が的確に見取れるよう，単元構想を考える必要があるでしょう。

　一般に，1単元で「書くこと」の目標（指導事項）を3つも4つも掲げることは望ましくありません。その代わり，掲げた以上は，的確に資質・能力の育成状況を見取ることが求められます。したがって，「論理国語」を除き，指導事項として最初に位置付けられている「題材の設定」「情報の収集」「内容の検討」は，目標に掲げた場合には，できるだけ重点化して指導と評価を行い，「記述」や「推敲」などはあっさり進んで指導するのも一つの選択肢でしょう。

話すこと
聞くこと

書くこと

読むこと

現代の国語

言語文化

論理国語

文学国語

国語表現

古典探究

14 書くこと

「構成の検討」の指導と評価

① 「書くこと」における「構成の検討」の重要性

　「書くこと」における「構成の検討」の学習過程は、「話すこと・聞くこと」とは異なり、「論理国語」「文学国語」「国語表現」においては、独立した指導事項として位置付けられています。例えば、「論理国語」の指導事項ウは、「立場の異なる読み手を説得するために、批判的に読まれることを想定して、効果的な文章の構成や論理の展開を工夫すること」、「文学国語」の指導事項イは、「読み手の関心が得られるよう、文章の構成や展開を工夫すること」と示されています。

　「書くこと」における「構成の検討」は、文字言語として残るだけに、実際に記述するまでに熟考しておく必要があります。ただ、ICT 端末での文章作成が浸透し、構成や展開を変更することも可能になったため、手書きの場合よりは編集作業はやりやすくなっています。

　ワープロ等によるデジタルであれ手書きであれ、文章の構成を検討させる際には、「その構成にすることでどのような効果があるのか」という点を明確にさせることが重要です。そして、「構成の検討」に関する資質・能力がどのように育成されたかを見取るためには、生徒が、当初どのような構成の型を考えていたか、文章のイメージを固める中でどのように構成を練り上げていったか、などの点を可視化することが効果的です。結果的に完成された文章だけを読んでも、生徒が、構成についてどのような経緯で検討したかまでは分かりません。したがって、デジタルであれば、見え消し機能や、変更の際のコメント機能を用いたりさせる、手書きであれば、変更の際に色ペンを用いさせるなどの工夫が必要でしょう。

②生徒の文章を個性的で説得性の高いものにするために

　ところで，高等学校国語科教師は，文章作成の指導のノウハウをどの程度有しているのでしょうか。アカデミックライティングを大学の講義で学んでいる若手の教師は得意かもしれませんが，どちらかといえば，文芸批評を書くのが好きな教師はいても，論文作成にはあまり馴染みのない教師も多いのではないでしょうか。例えば，「結論を冒頭に示し，根拠となる情報や具体例にはナンバリングを」などの構成は有名ですが，高等学校では，そうした構成の基礎を踏まえた上で，科目の性格に合わせて，もう少し目的に合わせた工夫を生徒に求めたいところです。

　例えば，冒頭に示した「論理国語」の指導事項の場合，「批判的に読まれることを想定して」とありますから，自らの主張とは異なる考えをもつ相手が読むことを想定して，主張を述べる前に，想定される異なる考えを列挙した上で，そうした考えがあることを踏まえたり，そうした考えに対する反論を提示したりし，その後，自らの主張がより妥当であることを説明していくなどの構成が考えられます。

　また，根拠となる具体例を提示する順序についても，「話すこと・聞くこと」の項で述べたように，インパクトの強いものから示す方法もあれば，あえて最もインパクトの強いものを最後に示す方法など，文章の目的や主張の内容などによって工夫させたいところです。

　このように，「構成の検討」の学習は，読み手の立場，読み手の思いや考えを想定させるという点で，大変重要です。文章の内容が優れていても，それをどのように伝えるか，という点で，表現の工夫などと併せて，相手意識を高める絶好の指導の機会だと考えられます。パターン化した構成を一斉に課するのではなく，生徒の文章を個性あるものにするためにも，指導者側の工夫も求められるところです。

話すこと
聞くこと

書くこと

読むこと

現代の国語

言語文化

論理国語

文学国語

国語表現

古典探究

15 書くこと

「考えの形成」の指導と評価

① 「書くこと」の資質・能力の中核としての「考えの形成」

　「書くこと」における「考えの形成」の学習過程は、「話すこと」や「話し合うこと」と同じく、表現活動の中核となる過程でしょう。文章に含まれる情報が豊富であったり構成や表現に工夫が凝らされていたりしていても、伝えるべき自らの考えが説得力や共感性を有していなければ、価値の高い文章とはいえません。「考えの形成」の学習過程は、「記述」などと合わせて、指導事項として示されていることがほとんどです。ただ、その中でも「論理国語」の指導事項エ「多面的・多角的な視点から自分の考えを見直したり、根拠や論拠の吟味を重ねたりして、主張を明確にすること」は、比較的、「考えの形成」に特化した形で示されていると考えられます。

　繰り返し述べてきたことですが、文字言語の特徴は、形として残るということであり、記録しない限り瞬時に消えていく音声言語に比して、一度発表してしまうと、容易には修正できません。それだけに、「考えの形成」の学習過程では、自分の主張やそれを支える根拠や理由付けなど、考えの中核について吟味を重ねることが重要です。

　文章表現も、読み手とのコミュニケーションの方法ですから、単に自分の訴えたいことを整理するだけでなく、読み手に受け入れてもらいやすいように、様々な視点から自分の考えの妥当性を検討することが求められます。例えば、単に「大都会への一極集中を改め、様々なリソースを地方に分散すべきだ」と主張したいとします。この主張を補強するために、大都会一極集中の問題点や地方分散のメリットなどを示すデータを根拠として並べることになるでしょう。しかし一方で、大都会に人が集まる動機や利便性、地方分散

のデメリットなどに十分目配りをしておかなければ，一面的な主張であると批判されてしまう可能性もあります。様々な視点や問題の優先度をどのように主張すべきかを自己認識し，読み手が文章を読んで，テーマに対する書き手のスタンスを的確に認識できるように説明する必要があるのです。授業では，「記述」の後の「推敲」の学習過程で相互評価を行うなどの交流活動を取り入れるケースが多いようですが，「記述」の前に，自分なりにまとめた考えの段階で相互評価を行うのも一方法でしょう。

②文学的な文章における「考えの形成」

　ここまで主に論理的な文章を念頭に置きましたが，小説や詩歌などの文学的な文章を書く際にも，「考えの形成」は大変重要です。論理的な文章に比して，そのメッセージ性は必ずしも明確ではなく，作品を読んでも，読み手の解釈に委ねられる部分が大きいのも文学的な文章の特徴といえます。文学的な文章を読んで，あまりにもストレートなメッセージが伝わるようだと，「別に意見文でいいじゃないか」「文学の味わいが感じられない」などという感想をもつ読み手も出てくるかもしれません。

　「文学国語」の指導事項ウでは，「読み手を引き付ける独創的な文章になる」ことが目指されています。したがって，大勢の人が言及しているありふれた題材や主張であっても，その書き手ならではの視点でいかに考察し，物語や端的な感動として表現できるかが重要です。単純には比較できませんが，こうしたことは，説得力のある論理的な文章を書くことよりも難しいかもしれません。しかし，伝えたいテーマに対する自分の考えや思いを見つめ，深く自己分析した上で，作品創作を行わなければ，中身の濃い優れたものにはなり得ないでしょう。そういう意味で，文学的な文章を書かせる際の「考えの形成」の指導には，それなりの時間を担保する必要があります。

　学習評価に当たっては，指導事項が独立していないため，「考えの形成」だけを評価することはないかもしれません。しかし逆に，「考えの形成」の育成状況を見取ることを軽視しないようにしなければなりません。

話すこと聞くこと

書くこと

読むこと

現代の国語

言語文化

論理国語

文学国語

国語表現

古典探究

16 書くこと

「記述」の指導と評価

① 「記述」の指導事項の中心は「表現の工夫」

「書くこと」における「記述」の学習過程は、「考えの形成」などとともに、指導事項として示されています。「記述」とは実際に書くことですが、指導事項として資質・能力の中心に位置付けられているのは、「表現の工夫」を行うことです。「表現の工夫」は、「内容」や「構成」などと異なり、実際に記述する中で顕在化されるからです。

生徒主体の授業づくりにおいて、「記述」の指導と評価はどのように行ったらよいのでしょうか。

「話すこと」における「表現」と同じく、「記述」の場合も、実際に記述する場面では、ただ生徒が黙々と綴っているだけ、という印象が先行しがちでしょう。もちろん、そうした時間を確保することは大切なのですが、結果的に「記述」に関する指導が、提出作品の添削だけで、誤字脱字や語句の係り受けなどの知識的な点や、文章の内容の加除に集中しがちで、表現の工夫についての指導になっていないケースも多いのではないでしょうか。したがって、「記述」に関する指導事項を目標に掲げたならば、生徒が、表現の工夫について考え、以前よりも表現力が身に付いた、と感じられるような指導と評価を行う必要があるでしょう。

② 「記述」の指導と評価を効果的に行うために

「表現の工夫」については、〔知識及び技能〕の「語彙」や「表現の技法」に関する指導事項を習得することはもちろん、実際に記述する際に、どのような言葉を選び、どのように表現したいかについての見通しをもたせておく

とよいでしょう。科目や目的に応じて，その具体は多様ですが，例えば，短い論文の場合は，「キーワードや専門用語を用いる場合には，定義に当たる説明を幅広い読み手を想定して，できるだけ分かりやすい平易な言葉で」，小説の場合は，「ストーリーだけに注力せず，場面や情景の描写を具体的な色や形状に着目し，きめ細かに」などと，どのような表現の工夫を行うかについて，生徒に事前に記させておくのです。

　また，「表現の工夫」に関する資質・能力の育成状況を見取るのですから，クラスの生徒が，全て異なるテーマ，異なる構成・展開などで文章を書けば，個々の文章は全てかなり多様なものになるはずで，結果的に真面目な教師は，その全てをきめ細かく読んで評価しようとするあまり，「全ての作品を総合的に評価せざるを得ないし，第一，時間が足りるわけがない」と嘆くことでしょう。

　このようにならないためには，目標を重点化して掲げているわけですから，指導と評価も重点化して行う必要があります。「表現の工夫」に関する指導事項を掲げた場合，その単元においては，必ずしも，「題材の設定」や「構成の検討」の資質・能力を重点的に育成する必要はありません。そうした資質・能力は，他の単元で目標に掲げて育成すればよいのです。したがって，単元の学習活動においても，題材（テーマ）は教師がむしろ画一的に示せばよく，場合によっては，構成や展開にも条件を課せばよいのではないでしょうか。

　こうしたことを提案するのは，ここでの「記述」があくまでも教室での「学習としての表現活動」だからです。実社会では，「書くこと」の全ての過程の資質・能力を発揮することが求められるわけですが，ここでは，目標に照らして必要な学習活動に重点化することによって，同じテーマに基づく，類似した構成・展開の文章を書かせつつ，一方で，表現の工夫に着眼し，効果的に表現できているか，という点に絞って評価していくことが考えられます。

話すこと聞くこと

書くこと

読むこと

現代の国語

言語文化

論理国語

文学国語

国語表現

古典探究

17 書くこと

「推敲」の指導と評価

①案外難しい「推敲」の指導と評価

　「書くこと」における「推敲」は，故事成語として教科書に掲載されていることもあって，あまりにも有名です。しかし，どのような「推敲」がよいのか，という点については，案外，注目されていないのではないでしょうか。他の学習過程と同じく，「推敲」の学習過程が活動ありきになってしまいがちなのは，こうしたことが原因かもしれません。

　ただし，筆者は，「推敲」の学習はその有名さに比して，かなり難しい面があると感じています。「推敲」というのは，指導事項にも示されているように，書いた後に「文章全体を整え」ることが中心です。その視点は，指導事項にも，「目的や意図に応じて書かれているか」（「現代の国語」），「文章の構成や展開，表現の仕方などについて，自分の主張が的確に伝わるように書かれているか」（「論理国語」），「文章の構成や展開，表現の仕方などについて，伝えたいことや感じてもらいたいことが伝わるように書かれているか」（「文学国語」），「読み手に対して自分の思いや考えが効果的に伝わるように書かれているか」（「国語表現」）として示されてはいます。

　しかし，こうしたことについて，教師から指摘されるのではなく，書き手自らが「見直し」を図ることには困難が伴います。確かに，一気に文章を書いた後，冷却期間を経て見直すと，誤字脱字から始まり，修正を加えた方がよいと感じることは多々あるでしょう。ただ，示されているように，「構成や展開，表現の仕方など」について，本当に読み手に対して効果的かどうかを判断するためには，書き手であった生徒を，一度読み手の視点に立たせる必要があると考えられます。

②読み手の視点に立たせることの重要性と課題

　指導の充実を図るためには，様々な立場や考えをもった読み手を生徒に多様に想定させ，自らが書いた文章に改善すべき課題がないか，検討させる必要があるでしょう。そして，スピーチなどと異なり，文章作成の場合には，読み手が不特定多数であることもよくあります。そのため，掲載されるのが，新聞だったらどうだろうか，専門家も読む専門誌だったらどうだろうか，などと，発表媒体について意識させることも必要かもしれません。教室での学習の場合，クラスメイトの作品が載った文集作成やクラウドでの共有もよく行われているでしょうが，実社会を意識した上で，生徒を「第三者」の立場に立たせる指導も高等学校では考えてよいと思います。

　しかし結局，書き手は「客観的な立場の読み手」になれるわけではありませんし，いわゆるメタ認知能力にも限界はあるでしょう。

　そこで，「推敲」の学習過程では，生徒同士による相互評価の学習活動が広く取り入れられてきました。クラスメイトという，実際の読み手に登場してもらい，よい点や改善点を指摘してもらおうというわけです。

　結論からいえば，この方法は効果的ですが，全員の作品を全員が読んで評価するわけではありませんから，それらの指摘には質的なバラツキが生じるのが自然です。中には，妥当だと考えにくい指摘が混在することも想定されます。また，活動の中に教師が入りにくく，結局，生徒同士の活動だけに終始してしまうことも考えられます。

　したがって，「推敲」の学習については，「読むこと」との関連も図りながら，例えば「構成や展開，表現の仕方など」ならば，どのような推敲の仕方が望ましいのか，事例を用いながら，事前に全体に周知しておく必要があるでしょう。生徒に単に相互評価を行わせるのではなく，生徒の評価能力を高めるためにも，教師が前面に出て，ポイントをしっかりと解説することも，時には必要なのではないでしょうか。

話すこと
聞くこと

書くこと

読むこと

現代の国語

言語文化

論理国語

文学国語

国語表現

古典探究

18 書くこと

「共有」の指導と評価

① 「書くこと」における「共有」の指導とは

　「書くこと」における「共有」は，旧学習指導要領の「交流」に当たる学習過程です。文章作成における交流活動は，作成された文章を読み合って，感想を述べ合ったり相互評価をしたりするのが主でした。したがって，指導事項でも「推敲」とセットで示されています。

　「推敲」の項でも述べましたが，文章をよりよくするために，よい点や改善点を指摘し合い，文章を修正していくことは望ましいことですが，いくつかの留意点もあります。「共有」の学習過程についても同じです。指導事項には，例えば，「読み手からの助言などを踏まえて」（「現代の国語」）といった交流活動を想定した文言も示されていますが，「共有」に関する資質・能力が何を指しているのか，一見したところ，明確ではありません。したがって，「共有」の学習過程を，「推敲」と同一視しないよう，留意する必要があります。

　義務教育の指導事項では，「共有」の学習過程は独立して示されており，例えば，中学校第3学年の「書くこと」の指導事項オは「論理の展開などについて，読み手からの助言などを踏まえ，自分の文章のよい点や改善点を見いだすこと」です。

　ここから考えてみると，「読み手からの助言などを踏まえて」自分の文章を具体的に修正すれば「推敲」の学習活動となり，修正しないまでも，互いの文章のよい点や改善点を見いだせば，それは「共有」の学習活動ということになるようです。

　つまり，「共有」とは，協働的な学びに関する資質・能力とも深く関係し

た，「文章をよりよくするために互いに高め合う資質・能力」とでも考えればよいかもしれません。このように考えれば，必ずしも，当該単元における「推敲」に直結しなくてもよいことが分かるはずです。この場合，例えば，完成した文集を読み合い，感想を述べ合ったり改善に向けた助言をし合ったりするものの，そこでなされた指摘は，次回以降の「書くこと」の単元の学習や，他の領域における書く言語活動の充実につなげればよいでしょう。

　このような資質・能力ということもあり，特に高等学校では，科目に応じて，「書くこと」の領域の授業時数の配当が異なることも鑑みて，独立して目標に掲げて指導と評価を行うことは難しいと考えられます。したがって，「推敲」の学習過程と関連付けながらも，「共有」の資質・能力の育成を意識しながら行う必要があるといえます。

②「主体的に学習に取り組む態度」との違い

　こうした「共有」に関する資質・能力は，「主体的に学習に取り組む態度」に関する資質・能力ではないかという受けとめ方もあるかもしれません。確かに「互いに高め合う」ことは，そうした態度が前提となると考えられるかもしれません。

　しかし，「書くこと」の学習過程として位置付けられた「共有」に関する資質・能力は，文章作成をよりよくするために発揮されるものでなければなりません。したがって，先述した中学校第3学年の指導事項の文言も「読み手からの助言などを踏まえ，自分の文章のよい点や改善点を見いだす」として示されているのです。学習評価の3観点の一つである「主体的に学習に取り組む態度」は，あくまでも，資質・能力の三つの柱の一つである「学びに向かう力，人間性等」のうち，観点別学習状況の評価で見取ることのできる資質・能力を指しています。この中には，他者との共有を前提としない資質・能力も含まれていると考えられます。

　「書くこと」の最終の学習過程に「共有」が位置付けられていることの意味を今一度考えた上で，指導と評価の改善を考えたいものです。

話すこと
聞くこと

書くこと

読むこと

現代の国語

言語文化

論理国語

文学国語

国語表現

古典探究

19 書くこと

「言語活動例」の活用

　「書くこと」の領域の学習は，個々に文章作成を行うため，クラス全体での言語活動を行うのは，単元の中の一部だけという印象が強いかもしれません。しかし，単元構想がしっかりしていれば，様々な場面で言語活動を効果的に取り入れることができます。

　以下に示した例は，茨城県立土浦第三高等学校の橘内敏江教諭による「出会いを切り開く通信文を書こう」（使用教科書：桐原書店『探求 論理国語』）という単元の指導計画です。

　この指導計画は授業前のもので，改善の余地もありますが，「論理国語」の指導事項カ「文章の構成や展開，表現の仕方などについて，自分の主張が的確に伝わるように書かれているかなどを吟味して，文章全体を整えたり，読み手からの助言などを踏まえて，自分の文章の特長や課題を捉え直したりすること」を目標に掲げ，通信文としての電子メール作成を中心に位置付けています。

　橘内教諭は，生徒が，「総合的な探究の時間」との連携を意識し，外部の研究者や地域の人々とメールで円滑なコミュニケーションを図ることができるよう，学習活動を工夫しています。この単元の場合，具体的な事例を通した，メールの特徴や使い分けの学習，メールの作成，実際にメールを送り合った後，相互評価，推敲といった活動が計画され，さらにその後，実際にメールを送るというゴールまで想定されています。

単元の指導計画　　　　　　　　　　　　　　〇は指導に生かす評価　◎は記録に残す評価

次	時	学習内容・活動	知	思	主	評価方法等
1	1	〇単元の目標を確認し，学習の見通しを持つ。 課題：通信文の特徴や使い分け，書き方などについて学習しよう。 ・教科書の文章Ⅰ，Ⅱ，電子メールの例を読み，見比べ，話し合う。 まとめ：各種の通信文の特徴と使い分けについて理解する。	◎			知①：様々な通信文と特徴，使い分けについて説明している。 　　　【ワークシート・行動の確認】 ・次の時間へのつながり告知：自分の「探究」についてさらに深化させるために何をすべきか，その際に連絡をとるべき他者を選んでくるよう指示する。
2	1	課題：「探究」を深化させるために必要な他者に送る電子メールを作成しよう。 ・教科書の例にならって，「電子メール」の注意点やマナーを踏まえ，誠意をもって作成する。 ・グループで読み合い，意見交換することで，整え直す。【グループ】 まとめ：意見交換を通じ，自分のメールを客観的に整える。		◎		（つまずきへの対応） ・つまずいている場合には，教科書の例を振り返るよう助言する。 思①：意見交換を通じ，自らのメールの文面を吟味し整えている。 　　　【行動・記述の分析】
	2本時	課題：作成した電子メールを送り合う練習を通し，再吟味し，実際に送信する。 ・受け取る側も経験し，実際に返信する練習をリハーサルのように経験することで，改めて自分の作った電子メールの内容を見直す。 ・受け取った他者の意見を受けて，各自で再吟味する。さらにその内容をグループで共有する。 ・再吟味が済んだら，実際に送信する。 　　　【個人→グループ→個人】 ・相互振り返りシートを用いて，本単元の活動を振り返る。【個人・全体】 まとめ：出会いを切り開く電子メール作成を通し，言葉で他者と伝え合う力を高め，挑戦する。			◎	（つまずきへの対応） ・つまずいている場合には，実際には指導者（探究の担当教員）に送信するにとどめる。 主①：課題に対し，対話を粘り強く工夫しながら自らの学習を調整しようとしている。 【行動・記述の分析】＜相互振り返りシート＞

話すこと・聞くこと　書くこと　読むこと　現代の国語　言語文化　論理国語　文学国語　国語表現　古典探究

20 読むこと

「構造と内容の把握」の指導と評価
（内容の把握）

①指導の中心となっていた「内容の把握」は魅力的な学習だったか

　「読むこと」には，同じく理解の資質・能力を育成する「聞くこと」と同様に，「構造と内容の把握」の学習過程が位置付けられています。この過程は，「把握」という文言からも分かるとおり，文章の内容面と形式面（構成や展開，表現の仕方など）について，誰もが共通理解できる範囲において，正確に捉える学習過程を指しています。

　「構造と内容の把握」のうち，「内容」の把握については，教室で日常的に行われている，いわゆる「内容の読み取り」に近い概念だと考えられます。したがって，教師も生徒もお馴染みの学習だと受けとめられるかもしれません。しかし，中央教育審議会答申に示された高等学校の課題（本書 p.11）では，「教材の読み取りが指導の中心」になっていたことが指摘されており，筆者の認識では，そのほとんどが「内容の読み取り」だと考えられるのです。

　これほどまでに教室で注力されてきた「内容の読み取り」は，もちろん，文章を読む上で大変重要な営みです。「内容の読み取り」には，文章の要旨を捉えたり，物語の中の出来事や登場人物を整理したりすることなどが含まれますので，この営みがうまく進まなければ，以下の過程にも支障をきたす可能性が高いでしょう。

　しかし，生徒主体の授業づくりの視点から考えたとき，「内容の読み取り」は生徒にとって興味深いものになっているでしょうか。

　授業参観の際によく拝見する光景は，「雨やみを待っていた下人はどのようなことを思っていたのか？」「楼の上に老婆がいることを知ったときの下人の心理は？」など，教師の一問一答に対して生徒が答える場面が多く，生

徒が主体的に学習しているというよりは，教師が引っ張っているという印象でした。また，一部の授業では，生徒は本文の言葉を抜き出して答えるだけで，内容をまとめるのはいつも教師でした。これでは，生徒が主体的に活動しているとはいえません。

②目指したい生徒主体の「内容の把握」の学習

　生徒主体の授業における「内容の把握」の学習とはどのようなものでしょうか。

　例えば，「内容の把握」の学習過程に，課題解決型の学習方法を取り入れることはできないでしょうか。先述の「羅生門」の場合なら，「この物語では，場面に応じた下人の心理の変化について，どのような特徴があるだろうか」などの物語全体を通した「問い」を学習課題として示し，個人，グループ，全体など，学習形態を変えながら，まとめさせ，グループごとに発表させるのです。その際，本文の叙述を根拠にさせながら，「物語の特徴」について議論させるものの，指導の目標は，あくまでも「内容（ここでは「下人の心理」）の読み取り」に焦点を置くのです。

　このように，「内容の把握」であっても言語活動を取り入れることで，生徒主体の授業づくりを目指すことができるでしょう。

　ただし，「内容の把握」について忘れてはならないことがあります。それは，単なる情報の整理に終わらない，ということです。文章を読む，という学習をしているのですから，文章の中のどの言葉がどのような意味で用いられているか，あくまでも「言葉」に着目して学習させることが大変重要です。

　そのためには，発問に対する答えを単に抜き出させるだけに終わるのではなく，例えば「恐る恐る」「恐怖」「好奇心」といった心理・心情をそのまま表す言葉や，「鼻を掩った」などの動作を表す言葉，「頭身の毛も太る」などの比喩の言葉などがいずれも「心理」に関係していることをしっかりと確認することが重要でしょう。

話すこと
聞くこと

書くこと

読むこと

現代の国語

言語文化

論理国語

文学国語

国語表現

古典探究

21 読むこと

「構造と内容の把握」の指導と評価
（構成や展開，表現の仕方などの把握）

①おざなりにされがちな，文章の「形式」に関する指導

　「構造と内容の把握」のうち，「構造の把握」とは，構成や展開，表現の仕方など，主に文章の「形式」を捉えることを指していると考えてよいでしょう。しかしながら，繰り返し述べてきましたが，こうした「形式」に関する指導は，「把握」の過程であっても教室ではあまり重視されてこなかった印象があります。「表現の仕方」については，「羅生門」における冒頭の情景描写や動物の比喩を捉えさせる指導などでお馴染みではありますが，それでも「内容の把握」の指導に比べると，控えめな印象です。

　さらに，「構成や展開」を捉える指導については，授業で教師が「○ページの○行目から○ページの○行目までが，第１場面ね」などと一方的に説明する場面が多く，生徒自身が文章の構成や展開について意見を出し合い，確認していく場面はあまり見られないのではないでしょうか。

　しかし，この「構成や展開」を捉える学習は，生徒主体の学習活動を成立させるのにはうってつけだと考えられます。なぜなら，高等学校の教材において，論理的な文章でも文学的な文章でも，文章の構成や展開を客観的に確定させるのは，そう簡単ではないからです。それは，文学的な文章をいくつかの場面に区切って小見出しを付けることを想定しても明らかでしょう。指導し尽くされた「羅生門」でさえ，指導書なしに指導しようと思えば，場面の数も小見出しの文言も教師によって微妙に異なるはずです。

②チャレンジしたい「構成や展開，表現の仕方」の指導

　「構成や展開」（「表現の仕方」も同様）を捉える学習は，文章の内容その

ものではなく，内容がどのように配列されているか，内容がどのように表現されているかといった「内容の扱われ方」を捉える学習です。内容を扱った（意図的に操作した）のは書き手ですが，例えば，論理的な文章において，書き手が「その一つ目は……」「こうしたことから考えると，……」「したがって，結論を端的にいえば……」などと内容の配列の目印を示してくれていたり，内容の抽象度の差が大きく変わる区切れが明確であったりする場合は，「構成」は見分けやすいでしょうが，そうでなければ，読み手が考える要素が大きくなります。したがって，「構成や展開」を捉える学習には，文章の特質によって，次の学習過程である「精査・解釈」の要素が入り込みやすいといえるでしょう。こうしたことが，教師が積極的に指導したがらない原因の一つかもしれません。

　しかし，言語である以上，そもそも文章を短時間で厳密に分析しきることなど，研究者でも不可能です。したがって，教室の学習では，「構成や展開」の区切れを絶対的に決めようなどとせず，共通理解できる範囲内で「把握」しておけばよいと考えられます。

　そう考えると，「内容の把握」の場合と同じく，むしろ生徒に委ね，「この文章の構成や展開について話し合い，意見の共通点と相違点について明らかにしてみよう」などの学習課題を課して考えさせたらどうでしょうか。

　当然のことながら，論理的な文章よりも，一層解釈の幅の広い，文学的な文章の方が相違点が多くなり，共通点が少なくなるでしょう。しかし，論理的な文章であっても，書き手の主観的要素が含まれやすい，評論などについては，案外，相違点も多々出てくるのではないでしょうか。

　余談ですが，こうした「構成や展開」を捉える学習は，「内容の把握」が前提というよりも，「内容の把握」をさらに深める効果もあるといえるでしょう。

　生徒が必死に本文を見つめ，本文の「構成や展開」について議論する教室を目指したいものです。

話すこと
聞くこと

書くこと

読むこと

現代の国語

言語文化

論理国語

文学国語

国語表現

古典探究

22 読むこと

「精査・解釈」の指導と評価
（テキスト内の精査・解釈）

①これからの時代にますます必要とされる「精査・解釈」の資質・能力

　「構造と内容の把握」の次の学習過程は「精査・解釈」です。前項でもふれましたが，文章によって，「構造と内容の把握」と「精査・解釈」を截然と区別することが困難な場合があります。あくまでも「学習」の過程であることを再確認しておきましょう。

　ところで，「読むこと」における「精査・解釈」に関する資質・能力は，大変重要であるにもかかわらず，「絶対解崇拝」のテスト文化の浸透のせいか，教室ではあまり重視されてきませんでした。しかし，一人一人の生徒が課題意識をもち，探究することが重視され，総合型選抜も広がりを見せる状況において，言葉を扱う教科として，「精査・解釈」を重視することは必然です。

　「精査・解釈」の学習は，「読むこと」における生徒主体の授業づくりには欠かせないものといえるでしょう。本文と向き合い，自分なりの解釈を生み出す過程は，生徒が主体的に行わなければ成り立ちません。

　「精査・解釈」の授業では，絶対解は目指されませんが，重要なことは，一方で，「答えは，何でもいい」にも陥らないことです。生徒がなぜそのような解釈に至ったのか，その思考過程について根拠をもって明確にさせることを忘れないようにしたいものです。

②テキスト内で行う「精査・解釈」の学習イメージ

　「精査・解釈」の授業はどのように進めればよいのでしょうか。
　まず，テキスト内だけで行う「精査・解釈」の学習を考えてみましょう。

筆者や作者，関連する作品などの外部情報を排除し，書かれたテキストだけで，内容，構成や展開，表現の仕方などについての解釈を行う場合です。

この場合，「下人の行方は，誰も知らない」という「羅生門」の最後の一文の意味はあくまでもこの物語の中だけで考えさせなくてはならず，芥川が改稿したことなどをもち出してはいけません。

例えば，「誰も知らない」という言葉自体を根拠として，「下人は誰も知り得ない世界へ行ったのだ」＝「人間でない（と呼べない）闇の世界へ行った」という象徴的な解釈もあるでしょうし，「下人は，荒廃したこの世界で誰にも知られないように名前や身なりを変えて，少ししぶとくなって暮らしている」という現実的な解釈もあるかもしれません。単に分かりやすい例のみを挙げましたが，ここでは，本文のあらゆる言葉を手掛かりとさせることで，読み手にとっての作品世界を豊かにかつ確固としたものにさせることが期待できます。

このように，テキストのみで解釈させることは，私たちが日常的に行っていることです。私たちは，日々目を通す文書やニュース，雑誌記事などの文章の全てについて，書き手の情報を深掘りしたり，他の情報としっかり比較したりしているわけではありません。このように，テキストだけで解釈する際にも，単に示されたテキストを絶対視するのではなく，どのような解釈の在り方が考えられるのかについて，様々と想像することが重要だと考えられます。特に論理的な文章や実用的な文章の場合には，書かれたことを鵜呑みにしないことが大切です。

したがって，教室におけるテキストベースの「精査・解釈」の学習は，自分なりの解釈をさせることとともに，他者による多様な解釈を理解する機会を得るという点でも重要な学習だと考えられるのです。「言葉による見方・考え方」を働かせ，言葉にこだわる授業づくりがそのまま生徒主体の授業に直結するといってよいでしょう。

話すこと
聞くこと

書くこと

読むこと

現代の国語

言語文化

論理国語

文学国語

国語表現

古典探究

23 読むこと

「精査・解釈」の指導と評価
（テキスト外と関連させる精査・解釈）

①トレンドになった，テキスト外の情報と関連させる学習

　「読むこと」の「精査・解釈」に関する指導事項のいくつかは，テキスト内だけでなく，テキスト外の情報との関連を図ったものになっています。例えば，「言語文化」の指導事項エ「作品や文章の成立した背景や他の作品などとの関係を踏まえ，内容の解釈を深めること」，「論理国語」の指導事項オ「関連する文章や資料を基に，書き手の立場や目的を考えながら，内容の解釈を深めること」などがそうです。

　こうした指導事項は新学習指導要領で頻出するようになり，大学入学共通テストにおいても，いわゆる「複数素材」の設問が頻出しています。

　これらのことは，情報社会において，与えられた情報を鵜呑みにするのではなく，情報を相対化して精査し，他の情報と関係付けることによって，より深い解釈が目指されていることの影響と考えることができます。したがって，これまで単一の教材を読み深めてきた教室においても，それでよしとするのではなく，他の教材と関連させて読ませることが必須といえるでしょう。

②自己目的化を避け，効果的に読み比べることの重要性

　テキスト外の情報と関連付けた授業はどのように進めればよいのでしょうか。

　「羅生門」とその原典である『今昔物語集』との読み比べはあまりにも有名ですが，複数の教材の関係付けの仕方は多様です。まず，想定したいのは，実社会で私たちが，様々な情報をどのように取り扱っているかという点です。この点から逆照射して授業づくりを考えてみましょう。

　例えば，論理的な文章の場合，その文章の主張だけでは妥当かどうか不明確な場合，同じ題材（テーマ）を扱った別の文章の主張と比べることで視野が広がるでしょう。また，同じ書き手による別の文章とも併せて読めば，その主張が成立した経緯がより明確になるかもしれませんし，場合によっては，過去には別の主張をしていて矛盾も明らかになるかもしれません。

　また，文章全体と関係しなくても，文章中のある具体的な事例について，より詳細な情報が示されている別の文章と併せて読み，元の文章の内容を補完させることも考えられるでしょう。

　文学作品の場合には，『今昔物語集』と「羅生門」のような，原作と翻案作品や，ある作品と同時代の別の作品など，共通点を有しながらも，それぞれの作品の個性を認識し，その背景や書き手の意図などを考えることは面白いでしょう。

　いずれにしても，どのような目的で複数の文章を読み比べるのかという点が重要であり，「複数素材」や「読み比べ」自体が自己目的化しないように，留意したいものです。読み比べを取り入れても，内容の解釈につながらなかったり，結果的に混乱するだけに終わったりするようでは逆効果です。

　加えて，単元の学習に位置付ける際には，教材を全て教師が示すのか，それとも生徒にも一定の範囲で探させるのか，文章全体のどの程度の範囲を示して関係付けさせるのか，メイン教材とサブ教材として位置付けるのか，それとも同じ比重の教材として取り扱うのかなど，いくつかのポイントが考えられます。

　これらについても，教師がレールを敷きすぎないように心掛けながらも，学習活動が散漫にならないような境界を的確に見極める必要がありそうです。

　こうした読み比べの活動は，あくまでも「精査・解釈」の学習を効果的に進めるために必要なものですから，例えば，絶対解に向かう，大学入学共通テストなどの入試問題の出題形式をなぞっただけの授業では狭すぎるでしょう。あくまでも生徒主体となるような，解釈の多様性を担保しながら，複数の教材を取り扱うことが求められます。

話すこと聞くこと

書くこと

読むこと

現代の国語

言語文化

論理国語

文学国語

国語表現

古典探究

24 読むこと

「考えの形成,共有」の指導と評価
(文章を読んだ上での考えの形成)

① 「精査・解釈」と区別し,自分事としての考えをもたせる

　「読むこと」の「考えの形成」は「共有」とともに指導事項が示されています。「共有」については,他の領域の項でも言及しましたので,ここでは,主に「考えの形成」の学習過程について述べます。

　「読むこと」における「考えの形成」とは,学習対象とした文章を読んだ後に,そこで提示されたテーマや内容などについて,自分事としての考えをもち,広げ深めることを指しています。「考えの形成」の学習過程は,予測困難で複雑化する社会の中で自立しつつ他者と協働してよりよく生きるために必要な資質・能力として,重視されています。

　「精査・解釈」が,基本的に教材とされた文章の内容や形式などについて解釈する資質・能力であるのに対し,「考えの形成」は,自分ならばどう考え行動するかといった,自分自身のものの見方・感じ方・考え方を広げ深めるための資質・能力です。

　こうした資質・能力を育成する指導も,残念ながら,これまで熱心に展開されてきたとは考えにくいのです。自分の考えといえば,初発の感想を書いたり,小論文対策として文章を書いたりすることが多く,高等学校国語科の授業の中で,自分事として考えをしっかり書く場面は必ずしも多くはなかったでしょう。

　もちろん,「羅生門」「山月記」「こころ」「舞姫」といった,いわゆる定番教材の授業では,読み終わった後に感想を書かせ,次の時間にプリントなどを配付して共有する,といったことはよく行われていたかもしれません。しかし,新学習指導要領では,単元の目標として,例えば,「言語文化」の指

導事項オ「作品の内容や解釈を踏まえ、自分のものの見方、感じ方、考え方を深め、我が国の言語文化について自分の考えをもつこと」、「文学国語」の指導事項カ「作品の内容や解釈を踏まえ、人間、社会、自然などに対するものの見方、感じ方、考え方を深めること」などを掲げ、そうした資質・能力を育成する指導を行った上で評価することが求められているのです。つまり、単に事後の感想を書かせるだけでなく、資質・能力の育成のための教師による指導が欠かせないのです。

②生徒主体の授業づくりに生かしたい「考えの形成」の学習

　生徒主体の授業づくりといった点でも、この過程の指導の充実は大切でしょう。例えば、「下人裁判」や「豊太郎裁判」といった実践事例は、「精査・解釈」も含みつつ、自分だったらどうする、といった「考えの形成」の学習過程と強く関わるものといえます。論理的な文章のように、比較的テーマ性が明確なものはもちろん、文学的な文章において、自分事としての考えを深めさせることは、国語科で文学作品を扱うことの意義を生徒に実感させるものでもあるでしょう。こうした、国語科教師にとって本当は「おいしい」場面がやや「置いてけぼり」にされているのは悲しいことです。

　先述の「言語文化」指導事項オでは、「我が国の言語文化について自分の考えをもつ」という、単なる一作品を超えたテーマについて考えることが示されています。したがって、特定の教材をいくつかの単元を通して読んだ後、文学作品や古典を読む意義について考えさせ、話合いなどの言語活動も取り入れながら、共有を図り、我が国の言語文化に対する考えをぜひ高校生のうちに確固としたものにさせたいところです。

　評価に当たっては、初発の感想との変容などを見取ってもよいでしょう。

　なお、この指導事項は、自分事としての考えをもたせることを目指すものですが、道徳とは異なり、教師が「こう考えるべきだ」などとレールを敷く必要はありません。あくまでも生徒が、自分自身の問題として向き合うよう、支援することが重要です。

話すこと
聞くこと

書くこと

読むこと

現代の国語

言語文化

論理国語

文学国語

国語表現

古典探究

25 読むこと

「考えの形成，共有」の指導と評価
（探究的な学びの要素）

　選択科目の「読むこと」の「考えの形成，共有」の指導事項のうち，最後の方には，「探究的な学びの要素」を含むものが位置付けられています。「古典探究」については，科目名にもそうした性格が示されていますが，「古典探究」だけでなく，「論理国語」や「文学国語」も，「論理国語探究」「文学国語探究」とでも呼ぶべき指導事項がある，ということなのです。

　例えば，「論理国語」では，指導事項キ「設定した題材に関連する複数の文章や資料を基に，必要な情報を関係付けて自分の考えを広げたり深めたりすること」，「文学国語」では，指導事項キ「設定した題材に関連する複数の作品などを基に，自分のものの見方，感じ方，考え方を深めること」が相当します。「古典探究」については，別の項で述べましたので割愛しますが，このように，科目の中で，探究に関する指導事項が設けられているのです。

　しかし，このこと自体があまり知られていないように感じています。学習指導要領解説を読めば理解できるはずですが，なかなか全ての教師が熟読する状況にはないようです。

　ところで，こうしたことは，言い換えれば，「総合的な探究の時間」における学習活動のうち，言葉の学びになり得るものについては，「論理国語」や「文学国語」，「古典探究」の授業内で行うことができる，ということなのです。いずれも４単位科目である，というのは，このように探究活動を想定しているという事情もあるでしょう。

　さて，指導事項には「設定した題材に関連する複数の……」とあるわけですから，当然のことながら，生徒自身が探究する題材（テーマ）を設定することから始めなければなりません。題材を設定することについては，なかなか難しいのですが，「話すこと・聞くこと」における「話題の設定」や，「書

くこと」における「題材の設定」に関する学習をきちんと行っていれば，選択科目のこの学習にもつながっていきます。こうした，いわば「教科内の系統性の担保」が３年間で次第に実を結ぶのです。

「論理国語」における題材としては，社会問題など様々なものが考えられますが，国語科の学習として，教師が指導できるよう，評論や論文など，これまで学習してきたものの中からテーマを探ってもらう方がよいかもしれません。例えば，特定の筆者の評論を数多く読み，その筆者の問題意識や論証の仕方の特徴なども，探究のテーマとなり得るでしょう。また，「文学国語」では，研究者が行う文学研究の類いも可能でしょう。例えば，作家に関する研究や，共通したテーマを扱った文学作品に関する研究など，幅広く取り組ませることができるようになっています。生徒主体の授業を推進するためにも，こうした学習をぜひ国語科の中で行いたいところです。

かつては，受験対策の名の下に，こうした学習は敬遠されてきたかもしれません。しかし，総合型選抜の拡大に合わせて，今こそこうした学習活動が必要とされているといえるでしょう。

また，こうした学習活動の充実を図ることによって，いわゆる「古典嫌い」だけでなく，「国語嫌い」や「文学嫌い」，「読書嫌い」の生徒に刺激を与えることもできるかもしれません。彼らの多くは，教師に一方的に押しつけられる「正しい読み方」に対して抵抗感をもっていると考えられます。自分で選択して決める，という行為を通して，学習に対する責任感を高めさせ，教師は必要に応じて支援すればよいのではないでしょうか。

当然，こうした指導の充実には，事前の指導計画の作成が成否につながることは言うまでもありません。組織的な授業改善が求められるところです。

話すこと聞くこと

書くこと

読むこと

現代の国語

言語文化

論理国語

文学国語

国語表現

古典探究

26 読むこと

「言語活動例」の活用

　以下に示した例は，茨城県立土浦第三高等学校の富岡雅行教諭による「和歌の修辞法を味わってみよう」（使用教科書：桐原書店『探求 古典探究 古文編』）という単元の指導計画です。この指導計画は授業前のもので，改善の余地もありますが，「古典探究」の指導事項キ「関心をもった事柄に関連する様々な古典の作品や文章などを基に，自分のものの見方，感じ方，考え方を深めること」を目標に掲げ，和歌の修辞法に着目した鑑賞文を書く言語活動を中心に据えています。

単元の指導計画　　　　　　　　　　　　　　○は指導に生かす評価　◎は記録に残す評価

次	時	学習内容・活動	知	思	主	評価方法等
1	1	・本時の目標や進め方を確認し，活動の見通しを持つ。 内容 1 「待つ宵の」を鑑賞し，歌意を味わう。 2 「本歌取り」という和歌の技法を知る。				
		・本歌である「待つ宵の」の和歌を鑑賞し，短い感想文を書く。 ※区切れや古語の意味を確認し，和歌に詠まれている境遇や思いを味わう。 「飽かぬ」「別れの鳥」 「ものかは」		○		思：本歌である和歌を鑑賞し，感想文を書いている。　【プリントの確認】
		・古典文法の参考書を用いて，「本歌取り」の説明をする。 ※ノートは Google ドキュメントで作成し，生徒間で共有する。	◎			知：「和歌の修辞法」の「本歌取り」について理解している。 【プリントの確認】
		まとめ 1 「待つ宵の」を鑑賞し，歌意を味わえた。				

		2 「本歌取り」という和歌の技法を知った。			
2	2本時	・本時の目標や進め方を確認し，活動の見通しを持つ。 **課題** 「本歌取り」の和歌を鑑賞しよう。 ・前時の内容を振り返る。 ・「本歌取り」の和歌を取り上げる。 「今物語」の「ものかはと」 ※グループで歌意を調べ，「本歌取り」としての鑑賞文を書く。 ※条件 ①説明対象は，同学年の生徒。 ②歌意も鑑賞文もともに，自分で説明できる言葉で，「わかりやすい」文章を目指す。 ③Google スライド1枚で作成する。 ・鑑賞文をグループ内で推敲し，この時間内に完成させる。 **まとめ** 「本歌取り」の鑑賞文によって効果を理解することができた。	○	◎	知：「本歌取り」の技巧と効果を理解している。　　　　　　【行動の観察】 思：歌意を基にし，「本歌取り」の効果を理解し，実際に鑑賞文を書いてみることで，自分のものの見方や感じ方，考え方を広げたり，深めたりしている。　　　　　　【鑑賞文の確認】
3	3	**課題** 意見を参考に，観賞文を完成させよう。 ・前時までに作成された各グループの鑑賞文を読んで，知らなかったことや発見したことを記入する。 ※Google スライドを利用する。 ※鑑賞文を読んで，新たな気付きを得たことを書き入れるように促し，多くのグループの鑑賞文を書き入れるように指示する。 ・記入された意見を分析し，推敲することで，鑑賞文を完成させる。 **まとめ** 鑑賞文を推敲し，よりよい文章に仕上げることができた。 ※完成した鑑賞文は普通科のクラス間で共有する。		◎	主：書き込まれた意見を参考に，自グループの鑑賞文の完成につなげるように推敲している。 　　【行動の観察・鑑賞文の分析】

話すこと
聞くこと

書くこと

読むこと

現代の国語

言語文化

論理国語

文学国語

国語表現

古典探究

第 4 章

生徒主体の科目別授業づくり

CHAPTER
4

1 現代の国語

「現代の国語」のネーミングと
生徒の未来

① 「現代文」の「現代」と異なるネーミングの意味

　ここからは，各科目の性格を再確認しながら，その科目ごとの指導と評価を進める上で押さえておきたいことについて述べます。

　「現代の国語」という科目名は，他の科目に比べて，どうも中身が見えにくいものとして受けとめられているようです。確かに，「言語文化」には「文化」，「論理国語」には「論理」，「文学国語」には「文学」などと，その科目の性格を示す文言が何かしら含まれています。それに対して，「現代」という文言は，時代区分を示してはいるものの，科目の内容は想像しにくいかもしれません。そのためか，科目名だけを見て，「現代文」と変わらない科目だと恣意的に解釈する教師もいたようです。

　しかし，「現代の国語」の「現代」と，「現代文」のそれとは少しイメージが異なります。「現代文」と対比されるのは，科目名としての「古典」ですが，これらはいずれも教材を時代で区分したものです。近代以降の文章を示す「現代文」と，近世以前の文章を示す「古典」という対比です。ここには，何かの理念が入り込むことはなく，客観的に文章が区別されるだけです。

　一方，「現代の国語」の場合は，その性格は「実社会・実生活における言語による諸活動に必要な能力を育成する科目」と解説され，「現代」の実社会・実生活に必要な資質・能力という点が強調されているのです。同じ共通必履修科目である「言語文化」が「上代から近現代に受け継がれてきた我が国の言語文化への理解を深める科目」と解説され，端的にいえば，過去とのつながりを重視した科目であるのとは対照的で，「現代の国語」はめくるめく変化する現在の実社会を踏まえ，さらには子供たちが生きていく未来社会

をも見つめようとする科目なのです。

② 「近代」ではなく，未来を指向する

　近代文学の価値を単に称揚するような指導は，「言語文化」ではふさわしいかもしれませんが，「現代の国語」の性格とは異なるものなのです。

　「Ｃ読むこと」の教材として位置付けられているのは，「現代の社会生活に必要とされる論理的な文章及び実用的な文章」とされています。この規定について，『高等学校学習指導要領（平成30年告示）解説国語編』では，「論理的な文章とは，説明文，論説文や解説文，評論文，意見文や批評文などのことである。現代の社会生活に必要とされる論理的な文章とは，これらのうち，『言語文化』で扱うような，これまで読み継がれてきた文化的な価値の高い文章ではなく，主として，現代の社会生活に関するテーマを取り上げていたり，現代の社会生活に必要な論理の展開が工夫されていたりするものなどを指している。一方，実用的な文章とは，（以下，略）」（p.106）と説明されています。「現代の」という修飾句が繰り返されているとおり，例えば，評論文であっても，単に近代の考え方が表現されているだけだったり，文豪の文章であったりするだけの教材では，条件を満たさないと考えられるのです。

　また，「知識及び技能」には，「情報の扱い方に関する事項」が位置付けられていますが，高等学校では，他の科目では「論理国語」にしか設けられていません。指導事項には，「ア　主張と論拠など情報と情報との関係について理解すること」や「エ　情報の妥当性や信頼性の吟味の仕方について理解を深め使うこと」などが設けられ，現代の情報社会への対応を視野に入れていることがうかがえます。

　以上のように，「現代の国語」というネーミングには，今を見つめ，未来社会に必要な言語の資質・能力を育成するという理念が込められているのです。

2 現代の国語

重視されるコミュニケーションに関する
資質・能力

①大切にもかかわらず指導が十分でないコミュニケーションの資質・能力

　前項で述べた「現代の国語」のネーミングやそこに込められた科目の性格を踏まえたとき，特に必要とされる資質・能力の一つとして挙げたいのは，他者と円滑にコミュニケーションを行う資質・能力です。

　現代の諸企業が採用学生に対して，「チームワーク・リーダーシップ・協調性」といったコミュニケーションに関する資質・能力を最も重視していることは，第１章ですでに紹介しました。生徒の多くがやがて企業人となりますし，そもそも私たちは資本主義社会において，日々生活していますので，こうした企業の考え方は，現代社会の一面を示していると考えられます。

　端的にいえば，社会のグローバル化や情報化の流れの中で，様々な物事が複雑で予測困難な状況にあるからこそ，果敢に立ち向かう主体性はもとより，立場や考えなどが異なる他者とも協働し，チームとして力を発揮していくことに寄与できる人材が求められているのでしょう。

　当然のことですが，円滑にコミュニケーションを行うためには，たえず変化する状況の中で，深く思考し，表現する資質・能力が欠かせません。したがって，「現代の国語」には「A話すこと・聞くこと」と「B書くこと」の領域を位置付け，最低でも，合わせて授業時数のおおむね７割を充てることを規定しています。

　しかし，これらの領域の指導が，年間指導計画上は位置付けられていても，全ての学校でその通りに実施されているかは不透明です。研究授業などの様子を拝見しても，「読むこと」の授業がほとんどで，国語科教師の意識が変わったかどうか，結論付けるのは難しい状況でしょう。実践報告などでは，

少しずつこれらの領域に関するものも増えつつあるようですが、「読むこと」の言語活動との区別がつきにくいものも散見されます。

②求められる実社会の場を想定した指導

「現代の国語」のこれらの領域における指導と評価に当たり、どのようなことに留意すべきなのでしょうか。

最も重要なのは、先述した「現代の国語」の性格を念頭に置き、指導事項を踏まえた上で、生徒が実社会に出て体験するであろうコミュニケーションの場面をできるだけ想定して単元構想を行うことだと考えます。例えば、必ずしもコミュニケーションの相手は、頻繁に会う人とは限りません。初対面で１回しか会わない相手も多くいるでしょう。当然、異なる立場や考えの相手と向き合うことは日常茶飯事です。もしかしたら、今後、相手としてAIを想定しなければならなくなるかもしれません。いずれにしても、教室の中に、いかに想定される実社会の場を構想できるかが大切です。

一方、こうした現実の可変性を想定した授業づくりについて、多くの教師は二の足を踏んでいるようです。単元構想の経験値が不足していることもあるでしょうが、「教科書教材をこれまで通り進める」という固定観念からなかなか脱却できないのではないでしょうか。

しかし、望ましいコミュニケーションの答えは一つではありません。合意が得られればよいという考えもあるでしょうが、単に合意したという結果だけではなく、その内容も重要でしょう。また、合意できたとしても不満や疑念の残るコミュニケーションでは十分とはいえないでしょう。当然、コミュニケーションが円滑に進むには、論理的な側面だけでなく、感性・情緒の側面も大きく影響します。

教室で、こうした多様なコミュニケーションの全てを経験させることは困難です。しかし、コミュニケーションを円滑に進めるためのポイントについて理解し、実社会で実践するための基礎を培うことが「現代の国語」の学習指導では、強く求められているのです。

話すこと
聞くこと

書くこと

読むこと

現代の国語

言語文化

論理国語

文学国語

国語表現

古典探究

情報の精査とこれまでの評論指導の課題

①情報社会における指導の転換が必要な評論学習

　これまで述べてきたように，「現代の国語」は現代の実社会を直視し，必要な資質・能力を育成する科目ですが，前項のコミュニケーションに加えて，「情報」を強く意識した科目でもあります。

　そのことは，**1**の項でも，「情報の扱い方に関する事項」に，「ア　主張と論拠など情報と情報との関係について理解すること」や「エ　情報の妥当性や信頼性の吟味の仕方について理解を深め使うこと」など，論理的な思考や，情報の吟味に関する指導事項が設けられていることに言及しました。「情報」と呼ばれるものの多くは言葉ですので，国語科の範疇と考える必要があります。

　しかし，これまでの高等学校国語科の授業では，言葉を「情報」とみなすことは必ずしも一般的ではありませんでした。論理的な思考に関する指導といえば，多くの教師は，おそらく評論文の指導を挙げていたでしょう。ところが，現代の実社会における諸活動に必要な資質・能力の育成という点から考えると，これまで行われてきた評論文の指導には一定の課題があったと考えられるのです。

　それは，第1章で言及した中央教育審議会答申に示された高等学校国語科の課題の一つである「教材の読み取りが指導の中心」という点と深く関わっています。どういうわけか，高等学校国語科の教科書に掲載される論理的な文章のほとんどが評論文なのですが，教材の読み取りが指導の中心であるため，授業で話題になることの多くは，あくまでも「筆者の主張」や「評論文の論理展開」です。もちろん，言葉の教科である以上，そうしたことが国語

科の学習において大変重要であることには論を俟ちません。

　ただ，懸念されるのは，多くの場合，授業の中で導かれた「筆者の主張」や「評論文の論理展開」に全く疑問が差し挟まれないまま，学習が閉じられてしまうことです。いわば「専門家や有識者の文章だから正しい」，あるいは「教科書だから疑問をもってはいけない」といったムードで指導がなされがちなのです。もちろん，教科書教材である以上，説得力が低い教材が掲載されることは少ないかもしれません。しかし，何となく，「評論文の論理展開は的確でその主張は正しいから，こうした考えをもとう」などという暗黙のメッセージが教室に送られているとすれば，それは危ういと言わざるを得ません。

　こうしたムードは，高等学校だけでなく，物語文の学習が道徳的な学習に流れるなど，そもそも義務教育の国語科にも指摘されてきたものでした。国語科教師の共通認識として，価値ある優れた文章を子供たちに読ませたいというのは，一面では納得できるものですが，論理的な文章も含め，全ての教材にそうした認識を当てはめようとするのは，実社会の状況と合致しなくなってきています。

②評論文を絶対視しない学習指導も重要

　「現代の国語」では，専門家が書いた評論文でさえも相対化し，むしろ「筆者の主張」や「評論文の論理展開」の妥当性，また，提出されているデータ（根拠）の信頼性などにまでメスを入れる学習が目指されています。SNSやネットニュースにふれる時間が増えた現代人に必要な言葉の資質・能力の育成という点で，教室の学習を見直さなければならない時代が到来しているといえるでしょう。

　「読むこと」だけでなく，「話すこと・聞くこと」「書くこと」の学習においても，それは同じです。自らの立場を明らかにしながら，できるだけ信頼性の高い情報を根拠とし，説得力の高い論理展開や主張を含む表現が行えるような生徒を育成する教室が求められているのです。

話すこと
聞くこと

書くこと

読むこと

現代の国語

言語文化

論理国語

文学国語

国語表現

古典探究

4 言語文化

「古典嫌い」の生徒を減らすための指導

①危機に立たされている古典学習

　「言語文化」が，いわゆる「古典嫌い」の生徒を減らすことをミッションとした科目であることは，筆者が様々な場で訴えてきたせいもあってか，かなり認識されてきたように思われます。

　しかし，「古典嫌い」の生徒の存在は，依然として国語科における大きな課題だといえます。「平成27年度高等学校学習指導要領実施状況調査　生徒質問紙調査（国語総合）」（国立教育政策研究所）によると，「古文や漢文の学習は大切だ」という項目に対して，「そう思う」「どちらかといえばそう思う」を合わせた回答割合は38.4％，「古文は好きだ」という項目に対して，「そう思う」「どちらかといえばそう思う」を合わせた回答割合は30.2％，「漢文は好きだ」という項目に対して，「そう思う」「どちらかといえばそう思う」を合わせた回答割合は30.4％であった。古典の学習を大切に受けとめている生徒は４割にも満たず，古文や漢文が好きな生徒は約３割にとどまっているのです。この割合が今後ますます減少したら，どのような事態が想定されるのでしょうか。

　卑近な例で恐縮ですが，先日も，あるテレビ番組で「なくなればいいと思うもの」という質問に対して，タレントが「古典の授業」と回答していました。それだけでなく，その回答に対して，スタジオにいた，教員免許保有の芸人が同調する始末です。回答の理由は，「何も役に立っていないから」というものでした。公共の電波でのこうしたやりとりを観て，筆者は愕然としたものです。

　古典の学習を，多くの生徒が３年間も続けてきて，なぜこうした事態に陥

っているのでしょうか。

　その責任を大学入試等の対策指導のみに向けることは少し酷かもしれませんが，読みにくい原文を全て品詞分解しながら「解読」させられる学習指導は明らかに評判がよくないようです。結果的に，「古典」は，得点源となる単なる受験科目としてのみ認識されることになりはしないでしょうか。

②科目「言語文化」に込められた理念

　「古典」は言うまでもなく，我が国の言語文化のアイデンティティーとも呼べるものですし，様々な歴史的変化はあれども，「古典」の文化性を継承した上で成立しているのが，近代以降の文学作品や文化的な評論などです。したがって，「言語文化」の指導事項も言語活動例も教材の規定は，全てこれらの価値を認め，生徒たちがこうした言語文化の担い手としての自覚を涵養することを目指して設けられているのです。

　したがって，「言語文化」を指導する教師には，「古典嫌い」を減らすような工夫と，「古典」と「近代以降の文章」とが地続きであることを生徒に認識させられるような工夫が求められるのです。

　特に前者については，例えば，本書でも紹介したように，早めに現代語訳を与えて古典の世界に入らせてから深める展開の授業や，文法を機械的に暗記させることを避け，文法の理解が解釈に直結するような授業など，様々な工夫を行うことが必要です。

　また，どうも古典の授業は，学習のアイテムが，例えば，文法なら「用言」→「助動詞，助詞」→「敬語」などへと，作品なら「説話」→「伊勢物語」→「土佐日記」→「平家物語」→「大鏡」→「源氏物語」などへと，ワンパターンに変化するだけのイメージです。アイテムが変わるだけで，毎回，原文を品詞分解して現代語訳を作って終わり，という授業が繰り返されているように思えるのです。

　こうしたカリキュラムのレベルで，どのように言語文化に対する親しみを高めていけばよいのかということについても，研究が求められています。

話すこと
聞くこと

書くこと

読むこと

現代の国語

言語文化

論理国語

文学国語

国語表現

古典探究

5 言語文化

共通必履修科目には，
どちらにも「現代文」がある？

①教師の頭から払拭されない「現・古・漢」

　筆者が，「資質・能力の育成」を掲げた新学習指導要領に基づいた授業改善を訴えてきた中で感じたことの一つは，高等学校の国語科教師の多くが，「資質・能力」について十分理解できていない，ということでした。教師たちの認識のうち，「現代文」「古文」「漢文」という区分はかなり明確なのに対して，授業の中でどのような資質・能力を育成しようとしているか，ということについては，かなり曖昧な認識しか有していないと感じられたのです。

　確かに，「現代文」「古文」「漢文」という区別は明確です。「次の時間は，現代文の授業です」「私は現代文を教えています」「あの人は現代文の先生だ」などといえば，何となく分かったような気にもなります。しかし，本当にそうでしょうか。

　「現代の国語」の項でも少しふれましたが，「現代文」というのは，文章を単に時代で区別した種類であり，何ら中身を示しているわけではありません。まだ「数学Ⅰ」の先生，「公共」の先生という方が中身が想像できます。「現代文」は，学習指導要領上，近代以降の文章，と過去に位置付けられた用語です。つまり，近代の文学作品も「現代文」ですし，契約書や企画書，メールやネットニュースの文章も「現代文」なのです。少しは，「現代文」という用語の曖昧さを理解いただけたでしょうか。

②「教材ありき」の発想では理解しにくい「言語文化」

　「言語文化」の指導に当たっては，こうした曖昧な文章区分ではなく，やはり，指導事項を中心とした「資質・能力」で物事を考えなければならない

ことが登場してきます。

「言語文化」の性格は前項で述べましたが，文字通り，我が国の言語文化に対する理解を深める科目であり，それゆえ，指導事項には，例えば「作品の内容や解釈を踏まえ，自分のものの見方，感じ方，考え方を深め，我が国の言語文化について自分の考えをもつこと」などが位置付けられています。

したがって，「言語文化」の「Ｂ読むこと」を指導する際には，単にその文章や作品を読む資質・能力だけではなく，「我が国の言語文化について」の考えを表現させるところまで見通して計画，実施する必要があるのです。

このように，目指す資質・能力を設定して，その後に指導の構想や計画を練る，ということは，高等学校国語科ではまだ十分定着していないようです。その理由の一つとして考えられるのは，やはり「教材への依存」，いわゆる「教材ありき」の発想です。この延長上に，「現代文」という枠組みも存在しているようです。しかし，「言語文化」の場合，少し複雑です。なぜなら，「現代文」という括りで考えれば，「現代の国語」「言語文化」双方とも，近代以降の文章を教材として扱えるからです。

「言語文化」の教材の規定は，「古典及び近代以降の文章とし，日本漢文，近代以降の文語文や漢詩文などを含めるとともに，我が国の言語文化への理解を深める学習に資するよう，我が国の伝統と文化や古典に関連する近代以降の文章を取り上げること」（抜粋）です。また，「Ｂ読むこと」の言語活動例には，例えば「我が国の伝統や文化について書かれた解説や評論，随筆など」「異なる時代に成立した随筆や小説，物語など」「和歌や俳句など」「古典から受け継がれてきた詩歌や芸能」と，実に多様な教材が登場しています。

したがって，こうした多様な教材をまず先に前提としてしまっては，指導の方向性は拡散してしまいます。目指す資質・能力を先に設定した上で，適した教材を選択するのです。つまり，「言語文化」においては，その結果，選択された教材が「現代文」か「古典」かということでさえ，「二の次」ということになるのです。

話すこと聞くこと

書くこと

読むこと

現代の国語

言語文化

論理国語

文学国語

国語表現

古典探究

6 論理国語

不毛な「論理 vs 文学」論争

①エッジを効かせる必要のある「選択科目」

　ご存じのとおり，義務教育とは異なり，高等学校は科目制を採っています。さらに，高校生全員が履修する共通必履修科目（「現代の国語」「言語文化」）と選択科目（「論理国語」「文学国語」「国語表現」「古典探究」）とに分かれており，後者は，原則として，前者の履修後に履修するものとして位置付けられています。したがって，選択科目は，共通必履修科目で育成された資質・能力を踏まえ，さらに特定の資質・能力に重点化して育成する科目として位置付けられています。

　端的にいえば，各選択科目は「エッジが効いた」ものである必要があります。特に，「資質・能力の育成」をキーワードとして掲げた新学習指導要領においては，選択科目Aと選択科目Bとが，同じ資質・能力を育成するものであってはならなかったのです。

　しかし，そのようなシステムを理解していない文学研究者などの方から，告示直後から，「論理国語」と「文学国語」の設定に関連して，「文学軽視批判」が巻き起こったのも記憶に新しいところです。様々な内容の批判がなされましたが，主として，選択科目の標準単位数が全て4単位のため，「論理国語」と「古典探究」を選択する学校が多く，文学作品を学習する機会が失われる，という批判や，文学にも論理があり，そもそも「論理」と「文学」は分けられない，という批判などがありました。

　そのため，自治体が標準単位数を減じた設定を広く認めたり，教科書検定の際に新学習指導要領の教材の規定を遵守しなかった教科書が登場して物議を醸したりしました。もし新学習指導要領の規定を意図的に曲解しようした

のならば，残念でなりませんが，一体これらの騒動は何だったのでしょうか。

②正確に押さえておきたい「論理国語」の性格

　そもそも「論理国語」は「現代の国語」と同じく，実社会を直視し，さらに「学術的な学習」も視野に入れた科目です。したがって，最終的には，学術論文を読んだり，短い論文を書いたりする資質・能力の育成を目指しているといってよいでしょう。学術論文が成立するには，しかるべき専門家による複数チェックを経て，その妥当性や信頼性が審査されるのが通例であるように，できるだけ多くの人の目を通しても，妥当性・信頼性が高いと認められる「論理」を対象としています。もちろん，数学者にも「センス」があるように，論文から「感性・情緒」を全く排除することなど不可能です。そうした当然のことを踏まえながらも，エッジの効いた選択科目としては，実社会におけるできるだけ客観的妥当性の高い「論理」を追究する科目が「論理国語」なのです。

　一方，フィクションを前提とした「文学」の論理は，こうしたものとは異なる面があります。「文学」は，虚構の作品世界を前提とし，登場人物を動かしますが，作者は，複数の人物の内面を縦横無尽に行き来することもでき，現実にありそうな世界とあり得ない世界とを巧みにミックスさせることができます。客観的妥当性とはほど遠い世界で，巧みに読者に「リアリティ」を感じさせるように，論理を恣意的に構築する面があるのです。

　各科目の教材は，あくまでも教育の視点から，効果的だと考えられるものを位置付けているにすぎません。高等学校ですから，「論理」にしても「文学」にしても，それらの全てを学習できるわけではありません。したがって，「論理」と「文学」とは明確に区別できない，などという本質論は，当然のことであり，それがために，不毛な議論だと言わざるを得ないのです。しかし，だからといって，「論理国語」と「文学国語」との区別が無理である，ということもないのです。「論理国語」を指導する際は，こうした科目の位置付けを理解しておく必要があるでしょう。

話すこと
聞くこと

書くこと

読むこと

現代の国語

言語文化

論理国語

文学国語

国語表現

古典探究

7 論理国語

「論理国語」において
「文章を読む」とは

　論理的な文章を読む学習指導については，「現代の国語」の項でもふれましたが，ここでは，「論理国語」の指導と評価という視点から求められることについて述べることにします。

　これまでの，論理的な文章（主として評論文）を読む学習は，筆者の主張や論理展開を「読み取る」ことが中心でした。こうした読み取る学習は，「読解」とも呼ばれ，国語科の学習といえば，文章読解だと考える見方は一般的かもしれません。しかし，ここでの「読解」は，あくまでも個々の教材の内容を解明することに重きが置かれがちで，教室において，そこでどのような資質・能力が働くのか，ということには十分な関心が向けられてきませんでした。したがって，資質・能力が示された新学習指導要領の指導事項をたえず確認しながら指導することが求められます。

　「論理国語」の場合，〔知識及び技能〕の指導事項が8つ，〔思考力，判断力，表現力等〕の「B読むこと」の指導事項が7つあります。合計15の指導事項に示された資質・能力の育成が可能な教材を，年間計画に基づいて単元ごとに選択していくことになります。したがって，単にテーマや筆者，長さなどが異なる評論文を扱うだけで，同じ学習を繰り返すのでは十分とはいえず，また，生徒主体の授業づくりにも結びつきにくいでしょう。

　新学習指導要領国語科には，「各科目の内容の〔知識及び技能〕に示す事項については，〔思考力，判断力，表現力等〕に示す事項の指導を通して指導することを基本とすること」が示されています（第3款1(3)）。つまり，「知識及び技能」の習得を，小テストなどの暗記学習を課すだけで済ますことは適切ではありません。

　そこで例えば，〔知識及び技能〕(2)ア「主張とその前提や反証など情報と

情報との関係について理解を深めること」という指導事項であれば，「主張」と「論拠（根拠と理由付け）」だけでなく，「前提」「反証」も理解できるような論理的な文章を教材とした上で，〔思考力，判断力，表現力等〕「B読むこと」の7つの指導事項のうちのいずれかと関連させて学習させる必要があるのです。仮に，「ウ　主張を支える根拠や結論を導く論拠を批判的に検討し，文章や資料の妥当性や信頼性を吟味して内容を解釈すること」を目標に掲げた場合には，習得した「知識及び技能」を活用して，主張を支える根拠や論拠の妥当性を吟味する過程において，「そもそも前提が明確でない」「こうした反証が見つかったので妥当性に疑問がある」などの思考を働かせる学習活動が想定できるのです。

　このように，「テキストにもの申す」という学習は，これまで主流ではありませんでした。しかし，グローバルな情報社会にあっては，示されたテキストの妥当性が高いとは限りません。「論理国語」において，文章を読むということは，そうした妥当性のチェックを行うことまでを含むものなのです。

　そういう意味では，教科書教材に掲載される評論文は，決して完全なものではありません。むしろ，「私の知り合いの話だが……」など，導入部から突っ込みどころ満載の文章も含まれているようです。「論証」という点を重視するならば，やはり，学術論文や裁判記録なども立派な教材となる可能性があります。

　また，情報が氾濫する状況では，ほとんどの情報は「又聞き」にすぎません。そうした意味では，情報の「信頼性」にも十分留意させたいところです。生成AIの話題も含め，「何がオリジナルか」が見えにくくなっている以上，出典や引用の仕方にも着目し，「絶対的」とはいえないまでも，信頼性の高い情報かどうかを精査しながら，テキストを読み深める必要があるのです。

話すこと聞くこと

書くこと

読むこと

現代の国語

言語文化

論理国語

文学国語

国語表現

古典探究

8 論理国語

高等学校国語科で求められる
ライティング指導

① 「作文指導」はどこへ行ったのか

　「論理国語」には「書くこと」の領域が設けられており，授業時数も140単位時間のうち，50〜60単位時間程度行うことが定められています。

　このように，「書くこと」が重視された背景として，大学生がレポートや論文を書けない，という研究者たちの訴えがありました。確かに，高等学校国語科の学習が「教材の読み取りが指導の中心」であり，「書くこと」の学習指導が疎かにされていたのであれば，大学生になって，いきなり論理的な文章が書けるはずがありません。

　大学入試等がペーパーテストばかりだからなのか，生徒全員の成果物を評価するのが大変だからなのか，これまで国語科の授業の中で，レポートや小論文の書き方を指導していたという話は，あまり聞こえてきませんでした。しかし，表現力がより一層求められる時代でもあり，信頼性の高い情報に基づき，文章を論理的にかつ効果的に書く資質・能力の育成は急務となっているのです。

　そうしたこともあってか，総合的な探究の時間を筆頭に，他の教科等においては，発表やレポート，卒業に向けた論文作成などの学習が充実しつつあるようです。このままでは，いわゆる「作文指導」は国語科から影を潜め，他教科等の専売特許にもなりかねません。こうしたことに対する国語科教師のプライドはまだ残っているか，心配になるくらいなのです。

　「論理国語」の「A書くこと」の指導と「B読むこと」の指導とは，関連させながら進める方が効果が高いと考えられます。

　しかし，実際には，前項で述べたとおり，「B読むこと」では，評論文を

読む学習が行われることが多く，「A書くこと」では，意見文や小論文を書く学習が行われることが多いと考えられます。これはあくまでも筆者の感想ですが，教科書教材の評論文は，専門家や有識者が書き手であることもあり，価値ある内容が書かれているものが多いですが，文章の論理性という点においては，必ずしも非の打ち所のないものばかりではないでしょう。高校生が読み手である以上，どうしても概説的であったり，出版本の一部を短く抜粋したものであったりするため，客観的なデータ（根拠）ばかりで支えられているわけではありません。哲学的なテーマのものも一定程度あり，明確な論理性というよりも，思想の複雑さや独自のものの見方や考え方が重視されている印象が強いです。

しかし，「読むこと」においては，前項で提案したように，学術論文や法令文，報告書などを読んで，できるだけ妥当性や信頼性の高いデータに基づいて，自らの論を構築するということを学習し，「書くこと」において，その学習成果を自らの文章作成に生かせるようにするとよいでしょう。

②国語教育の危機に直結しかねない「書くこと」の指導のこれから

冒頭の研究者からの訴えは，アカデミックライティングに関する講義を大学の初年次教育に取り入れなければならない実態から生じたものでした。彼らがイメージしているのは，最終的には，卒業論文が論理的にきちんと書ける学生にしたいということでしょう。

一方，高等学校の国語科教師のイメージは，入試科目としての「小論文」にとどまっているように思われるのです。入試科目「小論文」は，時間や紙幅の制限，採点などの都合上，課題文や資料を提示し，それらの理解を問うとともに，規定の字数内での文章作成能力を問うたものです。こうしたことは，もちろんできるに超したことはありませんが，文章作成に関する，上記のような資質・能力の育成が強く求められているのです。

こうした資質・能力がきちんと育成されなければ，「書くこと」の学習指導は，いずれ「探究」に吸収されてしまうかもしれません。

話すこと
聞くこと

書くこと

読むこと

現代の国語

言語文化

論理国語

文学国語

国語表現

古典探究

9 文学国語

なぜ今「解釈の多様性」なのか

①求められる「読み取り一辺倒」の指導からの脱却

　令和6年度を迎え，新課程での授業が共通必履修科目，選択科目ともようやく3年生まで行われるようになっていますが，「論理国語」と同じく，「文学国語」も，科目設定の理念を理解しなければ，これまでと同じ授業が繰り返されてしまう懸念があります。

　それは，ここでもまた「読み取り」の授業が中心になりかねない，という懸念です。「文学国語」は，文字通り，文学的な文章を読んだり書いたりする資質・能力の育成を目指した科目です。「読むこと」においては，プロの作家が書いた文学作品を読み深める学習が目指され，当然，作品の内容を読み取って理解することは大変重要な営みだといえます。

　しかし，ペーパーテストで問うことができる設問の多くが「読み取り」の力を測ろうとしていることもあって，せっかくの文豪の作品であっても，「読み取って終わり」という教室も少なくないように思われます。

　一方，新学習指導要領で求めているのは，それだけにとどまりません。この科目に限らず，「読むこと」の指導事項は，「構造と内容の把握」「精査・解釈」「考えの形成，共有」というプロセスに紐付けられて示されています。これらのうち，「読み取り」のほとんどは「構造と内容の把握」に含まれるものですが，「文学国語」の指導事項は，「構造と内容の把握」が1つであるのに対して，「精査・解釈」が4つ，「考えの形成，共有」が2つであり，「精査・解釈」「考えの形成，共有」が重視されています。

　「精査・解釈」「考えの形成，共有」の指導事項のうち，「文学国語」の性格を特徴付けていると筆者が感じているのが，「精査・解釈」に位置付けら

れた，B(1)エ「文章の構成や展開，表現の仕方を踏まえ，解釈の多様性について考察すること」です。お分かりのとおり，「読み取り」が一定の結論に収束していくことが多いのに対して，「解釈の多様性」はむしろ個々の解釈が異なる，拡散の方向を目指しているのです。

②文学の魅力を生徒はどこで感じられるのか

　教師の立場に立つと，こうした拡散型の学習は「最後にどうまとめればよいか自信がない」「そもそもうちの生徒に価値ある独自の解釈ができるとは思えない」などの思いを抱かせ，あまり好意的に受けとめられないものかもしれません。生徒のペーパーテストの得点を効率的に上げるのには向いていないと考える教師も多いでしょう。

　ただ，今こそこうした学習が生徒にとって必要なことも疑い得ないことだと考えられます。社会が予測困難で複雑化する中，文学作品を読むことは決して「役に立たない」わけではありません。むしろこうした状況だからこそ，様々な出来事や事象の「意味」を自分なりに解釈し，様々な可能性を思い描く必要があるのではないでしょうか。文学作品における人物の言動の意味は，一義的に解釈できないものばかりです。指導され尽くしたと思われる「羅生門」の中で「下人」が見せるしぐさや発言，動作は，一見正確に読み取れそうですが，創り手である作者の立場をもち込み，物語をどうしてこのような「構成や展開，表現の仕方」にしたのか，と考えた途端に，多様なものになり得ることでしょう。文学研究によって，どんなに芥川についての解明が進もうと，完全には解明され得ず，ましてやテキストのみを相手にしたときには，読み手の価値観や経験などから様々な読み方ができてしまうのが，文学作品であり，また，それこそが文学の魅力だとも考えられるのです。

　教室を，多様な解釈の交流の場とすること，これこそが「文学国語」の指導で目指される第一歩といってよいでしょう。解釈の根拠を確かめさえすれば，決して意見をまとめる必要などないのです。

話すこと
聞くこと

書くこと

読むこと

現代の国語

言語文化

論理国語

文学国語

国語表現

古典探究

10 文学国語

教師に敬遠されがちな
創作指導の充実を

　「論理国語」と同じく，「文学国語」にも，「読むこと」だけでなく「書くこと」の領域の学習指導が位置付けられています。授業時数では，140単位時間のうち，30〜40単位時間程度の配当が定められています。「文学評論でも書かせるのか」と思われるかもしれませんが，この領域の学習で求められているのは，小説や詩歌など文学作品の創作です。

　しかし，文学作品の創作指導も，決して国語科教師に評判のよいものではありません。文学好きが多いはずなのに，いざ生徒に創作指導を行うとなると，二の足を踏んでしまう教師は少なくないようです。

　その理由は様々でしょうが，「文学作品を読むのは好きだが，本格的に創作したことがないから自信がない」「創作は入試問題に出ないから，時間の無駄である」「生徒の作品をどのように評価したらよいか分からないから，どうしても敬遠してしまう」などといったところではないでしょうか。確かに，一見無駄のようで，面倒な指導だと思われるかもしれません。しかし，前項で述べた「解釈の多様性」の考察が求められるのと同じく，今だからこそ，文学作品の創作を位置付ける必要があったといえます。

　端的にいえば，それは，「創造性の伸長」ということになります。なかなか複雑で先の見えない時代だからこそ，他者とは異なる独創的なアイデアを発想し，個性的な価値を高める必要があると考えられるのです。

　もちろん，文学作品を創作すれば，すぐさま創造性が花開くわけではないでしょう。しかし，多くの価値ある独創的な作品が模倣から誕生したように，日常的に創作活動を教室にもち込むことによって，次第に生徒の創造力も磨かれていくのではないでしょうか。

　ところで，文学作品の創作には，解釈と同じく，豊かな「想像力」も求め

られます。したがって，創造力を高めながら，イマジネーションの力も磨かれる可能性が高いでしょう。人気を博している小説やマンガ作品には，一見，奇想天外な世界を描いていながら，リアリティをもち，読み手の胸に迫ってくるものがほとんどです。国語科の授業の中で，そうした世界を個々に誕生させるのですから，見方を変えれば，これほど楽しみなこともないでしょう。

指導者という立場に立つと，先述したような思いが生じるかもしれませんが，何もプロ作家を育成するわけではないのですから，教師はあくまでも文芸評論家に徹すればよいのです。

また，こうした創作指導は，「読むこと」の資質・能力の育成にもつながるという，実践者からのレポートもあります。書き手の視点に立って苦悩することによって，生徒たちは，文学作品を読む際の新たな視点を獲得し，読み手としての「こだわり」をもつようになったというのです。だとすれば，「時間の無駄」どころか，有益なアプローチになり得るのではないでしょうか。

今の時代の生徒たちは，メディア慣れしているため，レポートによると，教師が考えるよりは，ずっと質の高い作品を書いてくるようですが，そのため，確かに，どのような点をどのように評価したらよいか，迷ってしまうかもしれません。しかし，そうしたときほど，作品の全てを評価するのではなく，単元の目標（指導事項）に立ち戻り，育成したい資質・能力を強く意識しながら評価することが重要です。指導と評価の計画を生徒と共有し，例えば，指導事項のA(1)イであれば，「読み手の関心が得られるよう，文章の構成や展開を工夫する」ことができているかどうかに焦点化して，作成した評価規準に照らして評価すればよいのです。

生徒の柔軟な発想力をさらに高め，有意義な学習を目指したいものです。

話すこと聞くこと

書くこと

読むこと

現代の国語

言語文化

論理国語

文学国語

国語表現

古典探究

11 国語表現

学習指導要領上，○○向けの科目などない

①「国語表現」を就職用の科目とみなすことに潜む「表現軽視」観

　「国語表現」は，旧学習指導要領（平成21年告示）にも同じ名前の科目があり，新学習指導要領においてもイメージをもちやすい科目といえるかもしれません。旧学習指導要領の選択科目の指導事項には，明確な領域区分はありませんでしたが，「話すこと・聞くこと」と「書くこと」に相当する指導事項が設けられていました。そのため，新学習指導要領の「国語表現」と類似したイメージで捉えることができるでしょう。

　ただ，そうしたこともあってか，教師からは「就職希望者向けの科目」とみなされているようです。確かに，筆者の知る限り，いわゆる普通科進学校と呼ばれる学校の教育課程表でこの科目が位置付けられていることは少なく，そうでない学校で開設されていることが多いかもしれません。中には，そうした科目イメージに基づいて教育課程を編成している学校もあるかもしれません。その結果，就職対策の面接や自己紹介レポートの学習がメインのような科目になっているとしたら，大変残念なことです。

　どうも，高等学校には，偏差値に基づく価値観を重視する傾向があるようですが，そのためにかえって，歪んだ見方で物事を判断してしまうこともあるようです。「国語表現」を就職用の科目とみなすのも，その一つではないでしょうか。

②資質・能力ベースで科目を理解する

　少なくとも国語科においては，学習指導要領上，特定の選択科目を「進学向け」「就職向け」などとして価値付けることは行っていません。つまり，

「論理国語」「文学国語」「国語表現」「古典探究」の４科目は，どれも等しく「選択科目の一つ」なのです。つまり，仮に「トップ校」や「ナンバースクール」と呼ばれる学校であっても，生徒の実態に応じた「国語表現」の学習指導が構想できなければならないし，指導事項を踏まえた上で，非常に高いコミュニケーションに関する資質・能力を育成することが目指されるべきではないでしょうか。

　一方で，学校教育では，当然のことながら，教科書教材に学習指導の在り方が影響を受けるのが通例でしょう。しかし，「読むこと」の教科書教材とは異なり，「話すこと・聞くこと」「書くこと」の教科書教材は，学校や生徒の実態に応じて，臨機応変に扱うことが可能です。教科書に加えて，独自教材を交えることにより，進学希望でも就職希望でも，授業を効果的に構想できるはずなのです。

　「国語表現」は，主として「思考力，判断力，表現力等」の他者とのコミュニケーションの側面の力を育成する科目として設けられています。目の前の生徒にとっての「他者とのコミュニケーション」をどう考えるかが，この科目の指導に反映されるといってよいでしょう。「国語表現」が単なる「就職希望者向けの科目」としてしか認識されていないとしたら，それは，残念ながら，まだ高等学校国語科において，「他者とのコミュニケーション」というものが重視されていないと考えられるのです。

　誰かが話しているとき，そこには必ず聞き手が存在します。また，何かを書くとき，そこには必ず読み手が想定されています。発信者と受信者との関わりを重視した，この「国語表現」という科目の学習は，やがて社会人になる生徒にとって，コミュニケーションに関する最後の科目になる可能性もあります。新学習指導要領における「国語表現」は，そのような理念を担った科目であることを踏まえて，指導と評価を行うことが必要です。

話すこと聞くこと

書くこと

読むこと

現代の国語

言語文化

論理国語

文学国語

国語表現

古典探究

12 国語表現

共感を前提とした
コミュニケーション

　「国語表現」には，「話すこと・聞くこと」と「書くこと」の領域が設けられ，他者とのコミュニケーションに関する資質・能力の育成が目指された選択科目であることはすでに述べました。しかし，「話すこと・聞くこと」の領域は，「現代の国語」にも設けられていますし，「書くこと」に至っては，「古典探究」を除く全ての科目に位置付けられていますので，一見すると，「国語表現」という科目の特色は分かりにくいかもしれません。「国語表現」の指導は，こうした他の科目の指導とどのように異なるのでしょうか。

　授業のイメージを分かりやすくするために，「現代の国語」と「国語表現」における「話すこと・聞くこと」を取り上げ，両者の言語活動例を比較してみたいと思います。

現代の国語	国語表現
ア　自分の考えについてスピーチをしたり，それを聞いて，同意したり，質問したり，論拠を示して反論したりする活動。	ア　聴衆に対してスピーチをしたり，面接の場で自分のことを伝えたり，それらを聞いて批評したりする活動。
イ　報告や連絡，案内などのために，資料に基づいて必要な事柄を話したり，それらを聞いて，質問したり批評したりする活動。	イ　他者に連絡したり，紹介や依頼などをするために話をしたり，それらを聞いて批評したりする活動。
ウ　話合いの目的に応じて結論を得たり，多様な考えを引き出したりするための議論や討論を，他の議論や討論の記録などを参考にしながら行う活動。	ウ　異なる世代の人や初対面の人にインタビューをしたり，報道や記録の映像などを見たり聞いたりしたことをまとめて，発表する活動。

エ　集めた情報を資料にまとめ，聴衆に対して発表する活動。	エ　話合いの目的に応じて結論を得たり，多様な考えを引き出したりするための議論や討論を行い，その記録を基に話合いの仕方や結論の出し方について批評する活動。 オ　設定した題材について調べたことを，図表や画像なども用いながら発表資料にまとめ，聴衆に対して説明する活動。

　「現代の国語」に比して，「批評する」活動が多く例示されていることが分かるでしょう。特に「話合い」を取り上げた「現代の国語」のウと，「国語表現」のエを比べてみると，「現代の国語」では「他の議論や討論の記録などを参考に」自分たちの議論や討論を行うのに対して，「国語表現」ではむしろ自分たちの議論や討論の記録を基に「話合いの仕方や結論の出し方について批評する」活動が示されており，レベルが上がっていることが分かります。こうしたことは，いわゆる進学校でも難しいことなのではないでしょうか。

　指導事項をみても，「自分の主張の合理性が伝わるよう，適切な根拠を効果的に用いる」「相手の反論を想定して論理の展開を考える」「相手の反応に応じて言葉を選んだり」といった，論理的な表現に関する文言と，「相手の同意や共感が得られるように表現を工夫する」「話の内容に対する共感を伝えたり，相手の思いや考えを引き出したりする工夫をして」など，感性・情緒に関係した表現に関する文言とが散りばめられています。

　このように「国語表現」は，論理的にも感性的にも訴えかけられる表現力の育成を目指した科目だといえるでしょう。

話すこと聞くこと

書くこと

読むこと

現代の国語

言語文化

論理国語

文学国語

国語表現

古典探究

13 古典探究

「古典Ａ」とも「古典Ｂ」とも違う「古典探究」

①古典学習の命運を握る「古典探究」

　「古典探究」は，新学習指導要領国語科の科目の中で唯一「古典」を冠した科目ですが，旧学習指導要領における「古典Ａ」「古典Ｂ」とはやや異なる性格の科目です。しかし，実際の教室ではどうでしょうか。科目の内容を十分理解していない教師が，「古典Ｂ」と同じ内容だと思い込み，授業自体は全く変わっていない，ということはないでしょうか。

　そうした授業のうち，特に「古典嫌い」の生徒を減らすための工夫を行わず，文法や語句の暗記が前面に出るような授業の弊害は，「言語文化」の項で述べてきました。教師の熱心な知識詰め込み型の指導によって，かえって「古典嫌い」が増え続けたとしたら，ついには，古典学習の価値を肯定的に認める国民がきわめて少数派となり，やがては，古典学習の存続が脅かされるといった事態もあながち絵空事ではないかもしれません。特に，カリキュラム・オーバーロードが叫ばれるようになり，生徒や保護者，世間の人々は，以前よりも一層，「本当に意義ある学びになっているのか」「社会に出てから活かされる，本当に必要な学びなのか」といった厳しい視線で各教科・科目の授業をみるようになっています。「言語文化」の項で言及したように，古典の学習を大切に受けとめている生徒が４割未満，古文や漢文が好きな生徒は約３割にとどまっている状況は，何としてでも改善しなければなりません。

　こうした課題を改善すべく，「古典探究」は，単に古典作品を読んで理解するだけでなく，「探究」というアクティブな学びを取り入れることによって，古典学習をより一層深く，意義あるものに転換させようとしています。これまでも，例えば，和歌などについてグループ別に調べ学習を行う教室は

あったでしょうが，自ら探究テーマを設定し，古典を「深掘り」させること
によって，古典に対する親しみをもたせようとしています。

②望まれる，古典に関する探究的な学びの充実

探究的な学びの方向性は，すでに「古典A」「古典B」でも模索されてき
ました。実際に教室でどれだけ実践されてきたかは定かではありませんが，
「古典A」には，「エ　伝統的な言語文化についての課題を設定し，様々な資
料を読んで探究して，我が国の伝統と文化について理解を深めること」とい
う指導事項が設けられていました。「古典B」には，指導事項ではありませ
んが，言語活動例に「エ　古典を読んで関心をもった事柄などについて課題
を設定し，様々な資料を調べ，その成果を発表したり文章にまとめたりする
こと」が設けられていました。

一方，「古典探究」では，「読むこと」の指導事項が８つありますが，それ
らのうち，「キ　関心をもった事柄に関連する様々な古典の作品や文章など
を基に，自分のものの見方，感じ方，考え方を深めること」「ク　古典の作
品や文章を多面的・多角的な視点から評価することを通して，我が国の言語
文化について自分の考えを広げたり深めたりすること」の２つが，探究的な
学びの要素を含む指導事項として設けられています。

残りの６つの指導事項は，古典を読み深めるための資質・能力を高めるた
めのもので，自ら探究することを前提とした指導事項ではありません。また，
〔知識及び技能〕には，「言葉の特徴や使い方に関する事項」と「我が国の言
語文化に関する事項」にそれぞれ４つの指導事項が位置付けられています。

こうした「古典探究」の指導事項を改めて確認し，単元の目標を設定した
上で指導と評価を的確に行う必要があります。「古典探究」は，単に「言語
文化」の古典教材を難しくしたものではありません。特に「探究」の名にふ
さわしい実践が次々と模索されていくことが望まれています。

話すこと
聞くこと

書くこと

読むこと

現代の国語

言語文化

論理国語

文学国語

国語表現

古典探究

14 古典探究

「読むこと」の指導事項を「深掘り」する

　前項で述べましたが，「古典探究」の「読むこと」には，探究的な学びの要素を含む指導事項が２つ（キとク），古典を読み深めるための資質・能力を育成するための指導事項が６つ（ア～カ）設けられています。

　このうち，後者について，少し「深掘り」してみたいと思います。

　「読むこと」の学習過程には，「構造と内容の把握」「精査・解釈」「考えの形成，共有」がありますが，そのうち，「構造と内容の把握」に位置付けられているのは，「ア　文章の種類を踏まえて，構成や展開などを的確に捉えること」と「イ　文章の種類を踏まえて，古典特有の表現に注意して内容を的確に捉えること」です。アが「構成や展開」といった文章の形式の把握，イが「内容」の把握ですが，「文章の種類を踏まえて」という点が重要です。古典の場合は，その多くが文学的な文章でしょうが，その中にも，古文だと，物語，和歌，俳句など，漢文だと，史伝，漢詩，思想書など，様々な種類があります。これらの特徴を踏まえながら，文章の内容や形式を捉える資質・能力を育成することが目指されています。

　さらに，「精査・解釈」の指導事項としては，「ウ　必要に応じて書き手の考えや目的，意図を捉えて内容を解釈するとともに，文章の構成や展開，表現の特色について評価すること」「エ　作品の成立した背景や他の作品などとの関係を踏まえながら古典などを読み，その内容の解釈を深め，作品の価値について考察すること」が位置付けられています。「内容の解釈」「評価する」「考察する」などの文言から，「構造と内容の把握」よりもさらに高次の，読み手による意味付けがなされる過程であることが理解されますが，「書き手の考えや目的，意図を捉えて」という前提が付加されていたり，「作品の成立した背景や他の作品などとの関係を踏まえながら」「作品の価値につい

て」など，「作品」をある意味相対化して意味付けたりすることを求めている点は，「言語文化」の内容を発展させていることをうかがわせます。こうした学習が教室では本当に進められているでしょうか。

そして，「考えの形成，共有」の指導事項としては，キとクを除けば，「オ　古典の作品や文章について，内容や解釈を自分の知見と結び付け，考えを広げたり深めたりすること」「カ　古典の作品や文章などに表れているものの見方，感じ方，考え方を踏まえ，人間，社会，自然などに対する自分の考えを広げたり深めたりすること」が位置付けられています。「考えの形成」における「考え」とは，自分事としての考えということですから，古典の内容や作品に関する解釈を「自分の知見と結び付け」ることが求められているわけです。これは，現代語訳をゴールとする教室では，ほとんどなされない学習ではないでしょうか。

また，「古典の作品や文章などに表れているものの見方，感じ方，考え方を踏まえ」た上で，「人間，社会，自然などに対する自分の考えを広げたり深めたりする」ことも，そう簡単にできることではないでしょう。単に，古典の内容を捉えることではなく，そこに表れている「ものの見方，感じ方，考え方」ですから，例えば，和歌の解釈だけでなく，そこからうかがえる季節感や価値観などを踏まえなければならないのです。「徒然草」であれば，その段の現代語訳ができることではなく，そこにいわゆる「無常観」が流れているなど，そこに表れている兼好の見方や考え方を生徒自身で捉え，自分の考えに生かしていくことが求められているのです。

このように，「探究」に関連する指導事項だけでなく，他の指導事項も，選択科目らしい発展性を備えているのが「古典探究」なのです。

話すこと
聞くこと

書くこと

読むこと

現代の国語

言語文化

論理国語

文学国語

国語表現

古典探究

第 **5** 章

生徒主体の授業を豊かにする
５つの視点

CHAPTER
5

新聞, 学校図書館や公共図書館の活用

　それでは, ここからは, これからの生徒主体の授業づくりをさらに豊かにするために, 筆者が必要だと考えていることを述べます。

①新聞の活用

　高等学校国語科では, 教材への依拠が指摘されてきましたが, そこで依拠されてきた教材は教科書教材でした。教科書については, 使用義務はありますが, 「主たる教材」と位置付けられているだけで, 教科書以外の教材の使用を妨げるものではありません（ただし, 主副のバランスを崩さないように注意が必要です）。教科書教材にメリットは数多くありますが, 一旦作製されてしまうと新しい教材が掲載されなかったり, 創り手の編集方針に則った教材しかなかったりするなど, デメリットも考えられます。

　そこで, 投げ入れ教材として, 新聞の活用を効果的に取り入れることも一つの方法でしょう。新聞のメリットには, 速報性や一覧性のほか, 記事や広告, 連載小説まで掲載される多様性などがあり, 多機能性を備えたフレキシブルな教材としての活用が考えられます。特に「現代の国語」では, 現代の実社会に必要とされる教材が位置付けられていますので, 相性は抜群でしょう。生徒主体の授業づくりを考えたとき, こうした新鮮な情報にアクセスさせることは大変効果的だと考えられます。

　マスメディアの公平性に敏感になる教師もいますが, 複数紙を比較させたり, 他の資料と付き合わせたりすることで, それこそ「情報の妥当性や信頼性」を吟味することにつながります。

　今や, スマートフォンが当たり前の時代になり, 誰もがいつでもネットニュースを目にする時代です。そうした中で, 新聞は, 様々な取材と編集作業

の上に，比較的信頼性の高い情報を提供しているメディアといえます。必要に応じて，教室で活用してもよいのではないでしょうか。

②学校図書館や公共図書館の活用

また，新聞も含め，多種多様な資料を所蔵する学校図書館や公共図書館の授業への活用も，高等学校国語科において，必ずしも活発とはいえないようです。特に学校図書館は，「静かな読書の場所」というイメージも強いせいか，中には校内でもマイナーな場所に設置され，入館者数も常連の生徒ばかり，といった学校もあるようです。

しかし，生徒主体の授業づくりを考えたとき，できるだけ幅広く豊富な情報にふれさせることが効果的だと考えられます。確かにネットからも豊富な情報を入手することができますが，情報の信頼性，過年度からの情報の蓄積などといった点では，図書館の情報に軍配が上がるでしょう。ぜひ授業の中で活用したいところです。

活用に当たっては，司書教諭や学校司書などと連携し，必要な情報にフォーカスした資料提供の準備をすることも大切です。

また，教室から飛び出して，学校図書館で国語科の授業を行うことも効果的です。本書（p.100）で紹介した「書くこと」の事例では，茨城県立土浦第三高等学校の橘内敏江教諭の公開授業を取り上げましたが，筆者が訪問した際，この授業は学校図書館で行われていました。総合的な探究の時間でも学校図書館で授業を行っているため，生徒はすっかり慣れ，図書資料を参考にして発表資料を作成したり，グループでノートコンピュータを駆使しながら，メールを送り合ったりしていました。教師の意欲がそのまま生徒にも伝播しているかのようでした。

しかし，このような授業はまだ多くはありません。学校から実社会に出た後，必要な情報を様々な方法で探索し，活用していけるように，国語科が中心となるべきではないでしょうか。

2

地域の人材や施設等の活用

　生徒主体の授業づくりを進める上で考えたいのが，地域の人材や施設等の活用です。

　地域社会との連携については，高等学校学習指導要領総則でも，「生徒が生命の有限性や自然の大切さ，主体的に挑戦してみることや多様な他者と協働することの重要性などを実感しながら理解することができるよう，各教科・科目等の特質に応じた体験活動を重視し，家庭や地域社会と連携しつつ体系的・継続的に実施できるよう工夫すること」（第3款1(5)）と示されています。

　また，前項で述べた公共図書館を含めた様々な施設等の活用については，「（前略）また，地域の図書館や博物館，美術館，劇場，音楽堂等の施設の活用を積極的に図り，資料を活用した情報の収集や鑑賞等の学習活動を充実すること」（第3款1(6)）と示されています。

　それでは，こうした人的・物的資源を国語科の学習の充実のために，どのように活用していけばよいのでしょうか。

①地域の人材の活用

　地域の人材の活用については，例えば，「情報の収集」の学習過程を中心とした学習における活用が考えられます。「現代の国語」や「国語表現」の「話すこと・聞くこと」や「書くこと」の領域の学習において，設定したテーマに基づいて，地域の人々への取材や調査などを行う実践も散見されます。こうした実践では，たとえ母数は少なくとも，教室を飛び出して，根拠となる「事実」に出会う機会は生徒たちにとって大変貴重なはずです。

　また，いわゆる探究学習のように，調べたり考えたりしたことを発表する

際に，地域の人々に向けて発表する場面が設けられれば，他者とのコミュニケーションが現実になり，生徒の意欲も高まることでしょう。教室の中だけではできない体験をさせることによって，学習に新鮮な刺激を与えるとともに，日頃の学習の意義を実感させることにもつながるのではないでしょうか。特に，実社会との関係を重視している「現代の国語」においては，地域に関係するテーマを取り上げさせることも一案です。

②地域の施設等の活用

　地域の施設等の活用についてですが，公共図書館は言うまでもなく，地域には様々な施設等がありますので，国語科の学習活動の充実という視点で，改めて探してみましょう。地域ゆかりの作家や文化人などに関する文学館はお馴染みでしょうが，地域の歌碑や句碑など，地域の言語文化を伝える施設等はいたるところに存在していますので，「言語文化」や「古典探究」などの学習に関連付けることも可能でしょう。

　また，先述した「情報の収集」という点では，地域の様々な施設等が役立つでしょう。例えば，「人口減少社会と公共交通機関」という地域の社会問題をテーマにした生徒の場合，身近なバス停の時刻表や駅，バスや鉄道の会社など，地域の役所や公民館，社会福祉に関する施設等も視野に入ってくることでしょう。

　もちろん，施設等といっても，そこには必ず様々なことを説明してくれる方がいらっしゃるわけですが，そうした人的資源も含め，国語科の学習を支えてくれる人的・物的資源は，本気になって探せば，たくさん見つかることでしょう。

　大切なことは，こうした資源に気付く「視点」を教師がもつことです。教室に閉じた学習ではなく，可能性があれば，教室の外の世界をくまなく見つめる姿勢が，生徒の主体性を牽引していきます。こうした意味で，生徒主体の授業づくりの選択肢を増やしたいものです。

3

ICT の活用

　生徒主体の授業づくりを進める上で今や欠かせないのが，ICT の活用です。

　ICT の活用については，義務教育に引き続き高等学校でも 1 人 1 台端末などの整備が進展しつつありますが，ICT 環境によって可能になることにまだかなり差があるようです。生徒のスマートフォンなどを用いる BYOD を取り入れている教室を含め，1 人 1 台端末を活用した授業は，教師が慣れてくると，スピード感と躍動感，メリハリが感じられ，情報機器を活用した教育への可能性を大きく感じさせるものがあります。

　プロジェクターを使用したスライド提示の授業は，かなり多くの教室で浸透してきていることを実感します。いわゆる進学校でも，ほとんどの授業で取り入れている学校を何校も拝見してきました。

　国語科における ICT の活用の具体については，紙幅も限られていますので，他の専門書を参考にしていただければと思いますが，まず，押さえておきたいのは，ICT の活用が主目的になってはならないということです。時折，情報教育に造詣や関心の深い国語科教師の授業を拝見することがありますが，その一部は，「国語の授業」というよりも「コンピュータや電子黒板を駆使する授業」に見えてしまうのです。

　いったい何が足りないのか考えてみると，どうも「言葉」に肉迫できていないという印象をもたざるを得ず，「言葉」が情報機器に「処理」されてしまっていると感じるのです。

　こうした授業では，一見生徒が活動的に学習しているため，「生徒主体の授業」が成功していたり，「国語科の授業の最先端」だと錯覚されたりしてしまうことが懸念されます。ICT の活用は，あくまでも「方法」であり，

「目的」ではないという認識が必要です。

　また，一方で，チョーク＆トークにこだわる教師も時代遅れと言わざるを得ません。その教師もおそらくプライベートでは，スマートフォンを手にしていることでしょうし，ネットから無関係でいられはしないはずです。日常生活のあらゆる面で情報化が進んでいるのに，自分の教室だけは，という教師を生徒はやや冷めた目で見ていることでしょう。授業の全てでなくてよいと思いますが，効果的に活用できる場面で使う努力は必要なのではないでしょうか。

　本書（p.82）で紹介した「話すこと・聞くこと」の事例では，茨城県立土浦第三高等学校の市川真人教諭がICTを駆使した授業を展開するだけでなく，生徒が用いる情報整理アプリについても提示し，使い方を学習させ，その単元内で効果的に活用させていました。あくまでも国語科の目標の実現に資する指導方法，学習方法をICTも含めて幅広く選択して，授業に取り入れることが重要です。

　一方で，ICTの活用には，生成AIを無計画に使用させたり，個人情報に十分配慮することなく情報を共有してしまったりするような危険性も存在します。国語科教師は，他教科等に比して，実社会との接点が少なく，ICTリテラシーが低い，とつぶやく管理職の声を複数聞いたことがあります。ICTを効果的に活用した指導事例に対するアンテナを高くし，これまでの授業の良さとうまくバランスをとりながら，生徒の言葉の資質・能力を育成できる学習指導を模索したいものです。

　デジタルとアナログの二者択一ではなく，両者の良さを生かしたハイブリッド型の学習指導が求められているのです。

4

国語を学習する意義を
自然と実感できる教室に

　これまで，生徒主体の授業づくりを進める上での様々なポイントについて述べてきました。今一度強調したいのは，繰り返し述べてきたこととも重なりますが，「なぜ国語を学習しなければならないのか」「国語を学習して何になるのか」と感じている生徒たちに，「国語の授業は好奇心に満ちて面白い」「国語を学ぶことにはこういう意味がある」と感じさせ，国語を学習する意義を理解してもらうことが，そのまま生徒主体の授業に直結する，ということです。

　このように生徒に感じてもらうためには，国語学習の意義をいくら生徒に一方的に説明しても無理で，教師自身の授業づくりや振る舞いを通して，生徒が自然に実感できるようにしなければならないでしょう。

　そのために必要だと考えられるのはどのようなことでしょうか。まずは，改めて教師自身が国語を学習する意義について，一旦再考してみることが必要ではないでしょうか。

　数年前に新学習指導要領に対する「文学軽視批判」が巻き起こりました。「文部科学省は，実用重視に走り，人格形成に必要な文学をないがしろにしている」「『山月記』や『こころ』を学習しない高校生がいてもいいのか」などという声も聞かれました。しかし，「文学が」ではなく，「文学教材を扱った授業」がどれほど人格形成につながったかという信頼できるデータは，管見の限り，示されませんでした。国語科はなぜこれほどまでに文学作品を取り扱うことにこだわり続けてきたのでしょうか。

　一方，実用的な文章を扱った学習に対しては，拒否反応ともいうべき批判が起こりました。しかし，実用的な文章と文学的な文章とは，全く相容れないものなのでしょうか。

　また，近年，古典を学ぶ必要はないのでは，という主張が散見されるようになってきました。どうやら世間では，国語科の学習に対する疑念のようなものがあるようなのです。

　筆者は，何も，文学的な文章や古典を学習する必要がないなどと主張するつもりは全くありません。むしろ逆であって，これらを学習する意義をしっかり生徒に感じさせられなければ，国語科が瓦解する可能性を警戒しているのです。「国語科は中核教科だ」「国語科はこれまでこうしたことを大切にしてきた」と「上から目線」で考えるのではなく，少し視野を広げながら，一人一人の教師が真剣に考える必要があると思うのです。

　筆者は，論理的な文章，文学的な文章，実用的な文章と別々に学習したとしても，生徒の中では，最終的には全てが融合された言語の資質・能力として昇華されるべきだと考えています。

　新学習指導要領では，言語に関する「思考力・判断力・表現力等」を，①創造的・論理的思考，②感性・情緒，③他者とのコミュニケーションという3つの側面の力と考えることが示され，それぞれを重点的に育成する科目として，①「論理国語」，②「文学国語」，③「国語表現」が位置付けられたのです。学習ですから，重点的に特定の側面の力を育成するわけですが，考えてみれば，たとえ学術論文であっても，言葉や論理の展開のセンスというものはあり，それは部分的には文学作品の巧みな表現やストーリーにも通じるかのようです。また，文学作品にも当然，論証可能ではないにしても，物事や心理が変化する論理というものがあります。さらに，これらのどれもが言語表現である以上，相手を意識したコミュニケーションの機能も含意されているはずです。

　つまり，生徒が社会に出て，例えば，顧客に対して商品価値を語る場合にも，文学的な表現力は「役に立つ」でしょうし，お世話になった方に感謝の気持ちを伝える際にも，「筋道を明確にして伝える」ことは必要なのです。こうしたことに，国語科での学びがつながることを実感させたいものです。

5

これからの国語科教育を見据えて

　最後に，これからの国語科教育の方向性について，教壇に立っていたときには考えていなかった視点も含めて，筆者なりに言及してみたいと思います。

①一教科である国語科は，教育課程の動向に影響を受ける

　当然のことですが，国語という教科は，学習指導要領に位置付けられているため，その改訂等の影響を受けます。国語科は歴史も古く，中核の教科などと言われることも多いため，保守的なイメージが大きいかもしれません。しかし，未来永劫，国語という教科が今の形で存在し続ける保証はどこにもありません。

　例えば，いわゆる探究学習に注目が集まり，今後も重視されていく可能性は高いでしょう。総合的な探究の時間では，プレゼンテーションや発表の仕方や，レポートや論文の書き方の学習を行う学校も少なくないようですが，これらは本来，国語科の授業内で充実させるべき学習です。

　したがって，探究学習に関する有識者の中には，「国語科が仕事をしていない」「国語科がやらないなら，国語科を何とか変えるべきではないか」と考えている人もいるようです。こうした声が大きくなれば，やがて国語科は信頼を失い，大きくその姿を変えざるを得なくなる可能性は否定できません。

　次期改訂に向けた中央教育審議会でどのような答申が示されるかは，現時点では分かりませんが，教育課程全体の動向に国語科は影響を受けるのです。

　アンテナを高くするとともに，国語科がどういう仕事をし，どういう仕事がなおざりになっているのか，真摯に見つめる必要があります。

② 「国語」と「国語科教育」とを区別して考え，外部に目を向ける

　例えば，「文学作品が好き」と「文学作品を扱った授業が好き」とは異なります。筆者自身がそうでしたが，高校生の頃，文学作品を文庫本で読みまくっていましたが，国語の授業はつまらなく感じ，また，教師の解説にも疑問をもっていました。つまり，言葉や文学に興味をもつことと，国語科の授業に興味をもつこととは必ずしも一致しないということになります。

　したがって，私たちは謙虚に，「授業の中で本当に言葉の力が身に付き，言葉の世界への理解や興味が深まっているのか」ということについて，真摯に考察していかなければならないでしょう。その際に重要なことは，①で言及した教育課程全体の動向も含め，外部に目を向けるということです。

　生徒主体の授業づくりを目指すのであれば，国語科の中の世界だけで，「内向きの思考」にとどまるのではなく，社会の声や，他教科等の声など，そして当然ですが，生徒自身の声に真摯に耳を傾けることが欠かせません。

　新学習指導要領では，国語科は，言語能力を育成する要として位置付けられています。このことは，国語科が一般に，中核教科，基盤教科などと言われることに通じていると考えられますが，そうだからこそ，私たちは，国語科の中だけで物事を考えるわけにはいかないのです。多くの国民の言葉の資質・能力が低下すれば，社会は活力を失うでしょう。国語科はそうした国民全体の言葉の資質・能力の育成を担ってきましたし，これからも責任をもって担っていかなければなりません。

　その第一歩が，自身の授業を批判的に検討することであり，他者の声を聞くことではないでしょうか。生徒や他の教師たちと積極的にコミュニケーションをとり，未来社会を担う生徒たちの言葉の資質・能力の育成のため，生徒主体の授業づくりに向けた改善を，ぜひとも協働的に目指していただければと思います。

【著者紹介】
大滝　一登（おおたき　かずのり）

1964年千葉県生まれ。安田女子大学教授。岡山県公立高等学校教諭，岡山県教育庁指導課高校教育指導班指導主事，岡山県総合教育センター教科教育部指導主事，ノートルダム清心女子大学文学部准教授を経て，2014年から国立教育政策研究所教育課程研究センター教育課程調査官（初等中等教育局教育課程課教科調査官（国語）を併任）。2017年から文部科学省初等中等教育局視学官。初等中等教育局教育課程課教科調査官（国語），国立教育政策研究所教育課程研究センター教育課程調査官，学力調査官を併任。

近年の主な著書に，『高等学校 新学習指導要領 国語の授業づくり』（明治図書出版，単著），『学びの環境をデザインする学校図書館マネジメント（シリーズ学びの環境デザインを考える第1巻）』（悠光堂，共編著），『高校国語 新学習指導要領をふまえた授業づくり 評価編』（明治書院，編著），『国語教育指導用語辞典』（教育出版，共著），『新学習指導要領対応 高校の国語授業はこう変わる』（三省堂，共編著）などがある。

高校国語　生徒主体の授業のつくり方

2024年7月初版第1刷刊　Ⓒ著　者　大　滝　一　登
　　　　　　　　　　　発行者　藤　原　光　政
　　　　　　　　　　　発行所　明治図書出版株式会社
　　　　　　　　　　　　　　　http://www.meijitosho.co.jp
　　　　　　　　　　　（企画）木山麻衣子（校正）丹治梨奈
　　　　　　　　　　　〒114-0023　東京都北区滝野川7-46-1
　　　　　　　　　　　振替00160-5-151318　電話03(5907)6702
　　　　　　　　　　　ご注文窓口　電話03(5907)6668

＊検印省略　　　　　　組版所　広研印刷株式会社

本書の無断コピーは，著作権・出版権にふれます。ご注意ください。

Printed in Japan　　　　　　　ISBN978-4-18-162910-6
もれなくクーポンがもらえる！読者アンケートはこちらから